마음성장학교

마음성장학교

ⓒ김은미

초판 1쇄 발행 2018년 7월 16일
초판 2쇄 발행 2021년 10월 5일

지은이 김은미
펴낸이 이상훈
편집인 김수영
본부장 정진항
인문사회팀 권순범 김경훈
마케팅 김한성 조재성 박신영 조은별 김효진
경영지원 정혜진 이송이

펴낸곳 (주)한겨레엔 www.hanibook.co.kr
등록 2006년 1월 4일 제313-2006-00003호
주소 서울시 마포구 창전로 70 (신수동) 화수목빌딩 5층
전화 02)6383-1602~3 팩스 02)6383-1610
대표메일 book@hanien.co.kr

ISBN 979-11-6040-164-6 03190

마음성장학교

삶의 가치를 되찾는 8주 코칭

| 김은미 지음 |

한겨레출판

경계에 선 그대에게

살다 보면 길을 잃어버리는 순간이 있습니다. 저 역시 그런 순간이 있었습니다. 마음이 힘들고 자존감이 길바닥에 붙은 껌처럼 낮아졌을 때, 저는 닥치는 대로 글을 쓰고 책을 읽었습니다. 마음속답답하고 억눌린 감정을 토해내듯 글을 쓰고 또 썼습니다. 노트가한 권 두 권 늘어날수록 소화되지 않은 감정들이 조금씩 모습을 드러내며 명확해졌습니다.

그 당시에는 '왜 나한테만 이런 일이 생기나? 내가 무슨 잘못을했나?' 하며 당면한 일의 원인을 알고자 애썼습니다. 그래서 수많은 심리치유 모임과 코칭 세미나에도 참여했습니다. 그 과정에서문제의 원인이 반드시 우리 자신에게만 있는 것이 아니며, 내가 어찌할 수 없는 경우가 더 많다는 것을 알게 되었습니다. 무엇보다 그누구도 아무 일 없이 어른이 되지 않는다는 것을 알게 되자 그 자체로 큰 위안이 되었습니다. 조금만 깊이 생각해보면 무탈하게, 언제나 맑고 밝은 인생을 산다는 건 애초에 불가능함을 알 수 있습니다.

삶의 경계를 넘어 계속 성장하는 것은 신이 만물에게 부여한 '생존'의 진리입니다. 이 깨달음을 얻는 순간 어떤 변화 앞에서도 초연

할 수 있고, 다음을 기다리며 견딜 수 있습니다. 자기 자신이 만든 변화의 경계에서 한 발을 내디딜 것인가, 뒤로 물러날 것인가는 온전히 여러분의 선택입니다.

이 책은 혼자 힘든 시간을 지내고 있을 누군가를 위한 것입니다. 사회가 요구하는 역할을 수행하며 살았지만 돌이켜보면 '나 자신'이 없는 삶을 살아온 여러분을 위한 책입니다. 낯선 곳을 여행할 때 가장 안전하게 다녀오는 방법은 바로 경험자의 안내를 받는 것입니다. 얼마나 멀리, 얼마나 깊이 갈지는 여러분이 결정합니다. 부디 이 책을 선택한 자신을 믿으세요. 여러분이 가장 먼저 해야 할 일은 스스로에게 묻는 것입니다. 나는 누구이며, 지금 나는 어디에 있는가. 내가 정말 원하는 것은 무엇인가. 그리고 이제 무엇을 할 것인가.

이 책에 소개된 코칭은 지난 10여 년간 '나를 찾아가는 여행'을 하며 배우고, 느끼고, 경험한 것 중 저는 물론이고 수많은 사람의 삶을 변화시키고 마음을 성장시키는 데 영향을 준 방법들입니다. 이 책은 8주 과정으로 구성되어 있습니다. 자기 인식으로부터 시작해 좀 더 깊이 자신을 알아가는 과정을 거쳐 변화와 성장을 해나갈 수 있도록 안내합니다. 각 장은 유기적으로 연결되어 있으므로 1주부터 순차적으로 읽고 경험하는 것이 중요합니다. 각 장 앞부분에는 제가 삶에서 직접 겪고 깨달은 것들을 담았습니다. 이 부분을 읽는 과정에서 여러분이 동일시를 경험할 수 있다면 내면에 심리적

역동이 일어나고, 변화와 성장에 커다란 도움이 될 것입니다. 의도적으로 마음을 열고 올라오는 감정을 있는 그대로 느끼며 읽어보시길 바랍니다. 이어 소개된 코칭 프로세스는 심리학 기반 코칭으로 'GROW코칭 대화 모델'을 활용했습니다. 1:1 혹은 셀프 코칭 방식을 활용하여 다른 이의 도움 없이도 자신의 문제를 스스로 인식하고, 성장의 방향 또한 스스로 알아차릴 수 있습니다.

이 작업은 저보다 먼저 자신의 내면을 깊이 탐구했던 수많은 학자들이 있었기에 가능한 일이었습니다. 또한 제가 참여했던 국내외 심리코칭 세미나와 개인 및 집단상담에서 저와 동행한 상담사와 코치들로부터 받은 영감에 바탕을 두고 있습니다. 이 책이 알찬 구성으로 나올 수 있도록 자료 인용에 협조해준 학지사, 하늘재, 김영애가족치료연구소, 나래원, 해피앤북스 출판사에도 감사의 마음을 전합니다.

현재의 나, 그리고 오늘을 기억하세요. 8주 뒤 새롭게 만날 여러분을 기대하세요. 책장을 덮을 즈음에는 더 자유롭고 소중한 나, 좀더 나은 어른이 된 나와 만나게 될 거예요. 저는 벌써 변화된 여러분의 모습이 기대됩니다.

당신은 얼마나 멀리, 얼마나 깊이 가고 싶은가요?

2018년 7월

김은미

마음성장학교 입학을 환영합니다!

이 책의 세 가지 쓰임새

홀로 자기 성찰과 성장을 경험하고자 하는 분들을 위한 교재로 이 책을 사용할 수 있습니다.

누구나 자신을 깊이 들여다보며, 자기 성찰과 성장의 시간을 갖고자 하는 분들이 사용할 수 있도록 구성했습니다. 첫 페이지부터 한 장 한 장 천천히 마음으로 읽으며 활용해보세요. 여러분이 이 책을 읽으며 어떤 경험을 했는지 제게도 알려주세요. 혹 어려움이 있을 때에는 마음성장학교 홈페이지 '인생상담소'를 활용할 수 있습니다.

이 책은 함께 성장하며 마음을 나눌 준비가 되어 있는 그룹에서 교재로 활용할 수 있습니다. 책을 다같이 읽고, 각 장에 소개된 도구를 활용하여 마음과 통찰을 나눈다면 혼자 하는 것과는 또 다른 경험이 될 것입니다. 여러분의 그룹이 있다면 저를 초대해주세요. 언제든지 대환영입니다.

마지막으로 김은미 코치가 동행하는 마음성장학교 워크숍 교재로 사용됩니다. 이 책에 소개된 내용은 실제 마음성장학교 워크숍에서 활용하는 도구(방법)들입니다.

이 과정을 저와 함께 경험하고 싶다면 언제든 환영합니다. 대체로 8주 과정으로 진행되지만 1박 2일 혹은 2박 3일 등 다양한 구성과 기획으로도 가능합니다. 소그룹이나 그 밖의 단체, 기관 등에서 요청할 경우 전국 어디서든 '마음성장학교'는 열릴 수 있습니다. 당신이 원하는 바로 그곳에서요.

이 책을 효과적으로 활용하는 법

이 책은 단순히 읽고 끝내는 책이 아닙니다. 각 장에는 한 사람이 삶의 주체로 살아가기 위해 스스로에게 해야 하는 질문과 활동이 담겨 있습니다.

마음을 성장시키기 위해 책, 음악, 영화, 명상, 심리코칭 등 다양한 매체와 도구를 활용합니다. 일상에서 쉽게 접할 수 있는 매체를 활용하기 때문에 책을 끝까지 읽고 난 후에는 일상생활에서 만나는 모든 상황 속에서 자신을 알아차릴 수 있게 됩니다.

이 책을 읽으면서 눈에 보이는 삶의 변화를 경험하고자 한다면 먼저 변화하고 성장하고자 하는 마음의 준비가 필요합니다.

당신은 진정 변화와 성장을 원하나요?

경험하세요. 한 문장 한 문장을 경험하세요. 자신을 문장에 비춰 보고, 하나의 문장을 마음에 품어보길 바랍니다. 책 속에서 권하는 영화나 음악이 있을 때는 잠시 읽기를 멈추고, 영화를 보고, 음악을 들어보세요. 명상을 소개할 때는 안내에 따라 직접 해보세요. 산책 혹은 글쓰기 활동도 마찬가지입니다. 뭐든 주인공이 되어 직접 경험하고 느낄 때 우리의 주체는 살아나고 삶이 변화하기 시작합니다.

이 책을 누군가와 함께 읽고 있다면 각자 책에 메모한 것들을 나누고 삶에 적용한 것에 대해 마음을 주고받으세요. 누군가와 깊은 내면의 통찰을 나누는 경험은 우리에게 삶의 새로운 의미를 알게 합니다. 당신은 더 이상 눈에 보이는 물질적인 삶을 좇지 않을 겁니다. 존재와 존재가 깊이 연결되는 경험은 우리를 보다 근원적인 삶으로 안내하는 첫걸음입니다. 존재만으로 아름답고, 존재만으로 가치 있는 '나'와 '너', 그리고 '우리'를 경험하세요. 진정한 성장은 사람과 사람이 함께할 때 이루어집니다.

[마음성장 책 읽기]

- 책의 내용을 기억하는 것보다 공감이 가거나 마음으로부터 역동이 일어나는 부분을 주의 깊게 느끼며 읽습니다.
- 읽으면서 떠오르는 생각이나 느낌을 있는 그대로 느껴봅니다.
- 주인공과 등장인물, 사건의 흐름에 따른 나의 감정과 느낌에 집중하며, 천천히 혹은 여러 번 나누어 읽습니다.

[마음성장 글쓰기]

- 마음속에서 올라오는 생각과 감정에 집중합니다.
- 오랫동안 깊이 생각하지 말고 느껴지는 그대로 기록합니다.
- 자유로운 형식으로 솔직하게 씁니다.

[마음성장 말하기]

- 그룹에서 함께하거나 혼자 할 경우라도 나를 남김없이 한껏 열어 보이며 표현합니다.
- 말하는 이를 응시하며 귀기울여 듣습니다.

이 책은 점진적으로 나를 더 깊이 알아가는 가운데 성장할 수 있도록 구성되어 있습니다. 앞으로 8주간 한 챕터씩 꼭꼭 씹어 읽으며, 머리가 아닌 온몸으로 느끼고 경험하세요. 반드시 단계에 따라 책을 읽고, 코칭 과정에 소개된 연습들을 직접 해보시길 권합니다. 이렇게 시간을 두고 천천히 진행하는 것은 하나의 과정을 일주일 정도 여유를 가지고 충분히 경험했을 때 더 나은 결과를 만날 수 있기 때문입니다.

나에게 꼭 맞는 목표 세우기

마음성장학교를 통해 자신이 주인인 삶을 살고자 한다면 개인의 목표를 설정하는 것이 아주 중요합니다. 하지만 안타깝게도 삶의 에너지가 고갈돼 당장 하루를 버티게 해줄 위로가 필요한 경우 미래를 위한 목표 설정이 어렵습니다. 마음성장학교에 참여해 '자신이 원하는 것들의 목록을 기록'하며 8주 동안 '목표를 정하는 것이 목표'인 경우도 있습니다. 만약 그렇다면, 이 과정을 통해 생각하는 것만으로도 행복하고 벅찬 목표를 가질 수 있기를 기대합니다.

목표는 세 종류로 나눌 수 있습니다. 먼저 '타의적 목표'입니다. 그동안 살아오면서 길들여진 생각이나 삶의 방식, 역할로부터 나온 목표입니다. 예를 들면 '나는 착한 딸이 되어야 한다, 나는 성공해서 부끄럽지 않은 삶을 살아야 한다'처럼 '~해야 한다'로 표현되며, 목표의 주체가 자신이 아닌 '타인'인 경우가 많습니다. 이런 목표는 달성하려는 마음과 동시에 힘이 부치고, 그 과정에서 답답함과 우울을 경험하며 자신의 능력을 부정하기도 합니다. 심한 경우 스스로를 돌보지 못하는 자기 파괴적인 삶을 살기도 합니다.

다음은 '자의적 목표'입니다. 이 목표는 스스로 원하는 것을 설정했기에 목표를 정하는 순간부터 이루어가는 과정이 활기차고 행복합니다. 정해진 기간 동안 목표를 완벽하게 이루지 못하더라도 좌절하거나 포기하지 않고 과정을 수정해갑니다.

마지막은 '영적 깨달음을 통한 목표'입니다. 현재의 상황과 능력을 초월한 보다 높은 차원의 이타적인 관점에서 비롯된 목표입니다. '사명'이라 불리는 이러한 목표는 개인적 목표를 뛰어넘어 지구 전체와 다음 세대를 생각합니다. 자의적인 목표와는 비교하기 어려울 정도로 강력한 목표의식이 생기며, 그 과정에서 더욱 큰 기쁨과 몰입을 경험합니다. 우리가 현재의 경계를 넘어 성장하는 원동력이 되기도 합니다.

우리는 살아가는 동안 수많은 목표를 정하고 또 정합니다. 오랜 시간 반복했지만, 우리 스스로가 정한 목표도 드물거니와 직접 정한 목표라고 해서 모두 좋은 것만은 아닙니다.

자존감이 극도로 낮은 사람들은 자신에게 도움이 되는 긍정적인 목표를 정하기 어렵습니다. 청소년들 중에는 부모로부터 마음의 상처를 받았거나 건강한 애착 관계를 이루지 못한 경우 계속해서 부모를 괴롭히고 자기를 파괴하며 살아가기도 합니다. 이런 사람들은 원하는 것이 있어도 솔직하게 말하지 못합니다. 그래서 왜곡된 방식으로 표현합니다. 원치 않는 목표를 표현하거나 목표가 없는 혼란스러운 삶을 살아갑니다. 또 어떤 사람들은 목표를 정하고 나서도 그와 상반된 행동으로 자신을 망쳐버리고 주변에도 고통을 줍니다.

자신이 정말 원하는 목표가 있다면 그것과 삶을 일치시켜야 합니다. 목표가 이루어지는 방향으로 바라보고 행동하는 것입니다.
'나에게 꼭 맞는 좋은 목표'를 확인할 수 있는 방법은 간단합니다. 아래 질문에 모두 'YES'라고 답할 수 있다면, 당신에게 아주 좋은 목표입니다.

1. 이 목표를 생각하면 기쁘다.(YES NO)
2. 이 목표는 가치 있는 것을 성취하게 한다. (YES NO)
3. 이 목표는 세상에도 이익을 준다. (YES NO)
4. 이 목표는 삶의 영역을 확장시킨다. (YES NO)
5. 이 목표는 큰 목표를 이루기 위한 징검다리가 된다. (YES NO)
6. 이 목표는 능력을 개발하고, 발휘하고, 인정받을 기회를 준다.
   (YES NO)

이 책은 각자의 목표가 삶에 적용되고 실현될 수 있도록 구성되었습니다. 아래 질문들은 마음성장학교 여정 중에 길을 잃지 않도록 도와주며, 자신에게 무엇이 필요한지, 방해물이 무엇인지 알 수 있게 해줍니다. 시간의 차이는 있겠지만, 간절히 원하면 이루어집니다. 그게 바로 삶의 법칙입니다.

100%가 최고치라고 했을 때 현재 내가 느끼는 상태는 어느 정도 인가요.

1. 나다운 삶을 살고 있다.

.... %

2. 자신의 삶을 돌아보고 '지금 여기'의 삶을 살고 있다.

.... %

3. 신뢰할 만한 모임에서 소통과 공감을 경험하고 있다.

.... %

4. 자기 성찰과 성장의 도구로 독서와 글쓰기를 활용하고 있다.

.... %

5. 변화와 창조에 자유롭다.

.... %

나의 목표는 무엇인가요?

．．．

．．．

．．．

．．．

．．．

．．．

．．．

．．．

새로운 것을 완벽하게 배우기 위해 필요한 것은 무엇인가요?

．．．

．．．

．．．

．．．

．．．

．．．

．．．

．．．

목표를 달성하려면 어떤 마음과 자세가 필요한가요? 스스로에게 다짐해보세요.

....

....

....

....

....

....

....

....

새로운 것을 적용하는 데 장애물은 무엇인가요?

....

....

....

....

....

....

....

....

이 과정을 마친 후 어떤 변화를 바라나요? 최대한 구체적으로 표현해보세요.

마음성장학교 서약서

- 나는 앞으로 8주 동안 적극적으로 참여합니다.
- 나는 나 자신과 참여자들의 생각과 느낌을 비평하거나 평가하지 않고 수용합니다.
- 나는 지금 여기에서 나의 감정에 집중하며 이야기합니다.
- 나는 프로그램 중 알게 된 내용에 대해 비밀을 지킵니다.
- 나는 나 자신과 참여자 모두의 성장을 위해 감정을 정직하게 느끼고 표현합니다.
- 나는 마음성장학교에서 알게 된 것을 삶에 적용하고 실천하며 성장합니다.

년   월   일

참가자 _____

함께하는 사람 1. _____

함께하는 사람 2. _____

행복한 동행자 김은미 코치 _김 은 미_

프로그램 참여에 앞서 자신과의 약속을 적어보세요.

마음성장학교 기본 연습

자기 자신과 자기의 감정을 분명히 알수록 지금 있는 현실을 더욱
사랑하게 된다.
                                                              _스피노자

기록

당신이 자신을 어떻게 생각하는지 기록하는 시간입니다. 떠오르
는 생각과 감정을 정직하게 기록합니다. 지금까지 살아오면서 경험
한 것들과 함께했던 사람들과의 관계에서 느꼈던 것들을 기록하고
진정으로 당신이 되고 싶은 사람이 어떤 모습인지 묘사해봅니다.

질문을 읽고 처음 생각나는 답을 적으세요. 논리적이거나 거창한
답을 찾으려 노력하지 마세요. 하나하나의 과정들은 지금껏 돌보지

못하고 외면했던 '나'와 더 깊이, 그리고 온전하게 만날 수 있게 도와줄 것입니다.

　어떤 질문은 답하기 어려울 수 있습니다. 그렇다면, 그냥 넘기는 것도 하나의 방법입니다. 하지만 어렴풋이 떠오르는 생각과 느낌이라도 붙잡으세요. 그리고 얼른 기록하세요. 각각의 질문에 정답은 없습니다. 마음 상태에 따라 언제든지 달라질 수도 있으니까요. 그러니 정직하게 오늘의 나를 기록하세요. 책의 여백을 활용해도 좋지만, 노트 한 권을 준비해 책에 소개된 자기 성찰과 성장 과정을 기록하는 것을 추천합니다.

　지금 어디로 가야 할지, 어떻게 살아야 할지, 무엇을 해야 할지, 누구를 믿고 사랑해야 할지 알 수 없다면, 먼저 자신이 어떤 사람이고 어떤 삶을 살아왔는지 기록해보세요.

[나와 가족 소개하기]

목적 : 자신과 가족에 대한 이해를 높인다.

기대 효과 : 자신과 가족에 대한 객관적 이해와 재인식.

방법 :

1. 각각의 질문에 생각과 느낌을 있는 그대로 적는다.

2. 불편한 질문은 한 걸음 더 성장할 수 있는 특별한 지점이다. 성장 기회를 발견했음을 축하하며 써 내려간다.

3. 나를 찾아가는 여행이 세상에서 가장 멋진 여행임을 기억한다.
   그러니 질문에 진심과 호기심을 갖고 즐긴다.

다음 주제에 대해 느껴지는 그대로를 기록하세요.
지금까지 나의 삶은

. . . .

. . . .

내가 보는 나의 앞날은

. . . .

. . . .

행운이 나를 외면했을 때

. . . .

. . . .

언젠가 나는

. . . .

. . . .

나와의 관계를 중심으로 가족을 자세히 소개해보세요.

. . . .

. . . .

. . . .

부모님은 나와 형제자매를 어떻게 양육하셨나요?

. . . .

. . . .

. . . .

. . . .

. . . .

부모님에 대해 그들의 성격, 직업, 가치관, 화목 정도, 가정 안에서의
권위 등 떠오르는 모든 것을 기록해보세요.

. . . .

. . . .

. . . .

. . . .

. . . .

당신은 어떤 아이였나요?

. . . .

. . . .

. . . .

. . . .

. . . .

당신의 삶에서 가장 잊고 싶은 기억이 있다면 무엇인가요?

. . . .

. . . .

. . . .

. . . .

. . . .

당신이 가장 두려워하는 것은 무엇인가요?

. . . .

. . . .

. . . .

. . . .

. . . .

당신이 믿고 있는 능력은 무엇인가요? 또 스스로 생각하는 결점은
무엇인가요?

. . . .

. . . .

. . . .

. . . .

. . . .

당신이 되돌아가고 싶은 순간은 언제인가요? 그때로 돌아가면 무엇을 하고 싶나요?

. . . .

. . . .

. . . .

. . . .

당신이 정말 행복해지려면 무엇이 필요하다고 느끼나요?

. . . .

. . . .

. . . .

. . . .

. . . .

변화에 필요한 시간, 돈, 능력과 건강을 모두 가지고 있다면 당신은 어떤 사람이 되고 싶나요? 그림을 그리거나 자세히 묘사해보세요.

. . . .

. . . .

. . . .

. . . .

. . . .

인생기상도

인생을 살다 보면 다양한 날씨를 만납니다. 눈이 부시게 화창한 봄날도 있고, 천둥 번개가 내리치는 장마철과 한여름 무더위도 있고, 가을 하늘처럼 맑고 청명한 날씨가 있는가 하면 엄동설한에 꼼짝할 수 없는 날씨도 있습니다.

우리 마음도 날씨와 같습니다. 인생을 10년 단위로 나눠 날씨로 표현하면 어떨까요? 인생 전반을 일기예보처럼 표현해보면 내가 살아온 인생을 어떻게 바라보고 있는지 한눈에 알 수 있습니다. 이 활동을 하면서 누군가는 이렇게 말했습니다. "저는 열 살까지는 햇볕이 반짝반짝 빛나는 날씨였어요. 그러다 스무 살에 먹구름이 몰려왔다가 해가 반짝, 그리고 다시 흐렸다가 맑아졌습니다. 30대인 지금은 비 갠 하늘에 무지개가 뜨더니 그 후로는 계속 장마예요".

다른 이의 인생기상도를 들으니 어떤 생각이 드나요? 이 활동을 하면서 누군가는 처음으로 자신의 인생을 회고하게 됩니다. 그리고 누군가에게 처음으로 자신의 인생을 말할 기회를 갖게 됩니다. 아주 단순하지만 누군가는 매우 깊은 통찰을 합니다. 그리고 홀가분함을 경험합니다. 하지만 낯선 이들에게 자신의 인생을 스스럼없이 이야기하는 것은 결코 쉬운 일이 아닙니다. 그래서 '날씨'라는 비유법을 사용하는 것입니다. 비유와 상징은 그동안 알 수 없었던 무의식에도 닿게 해주고, 감추고 싶은 이야기는 숨겨줍니다. 적극적으로 자신을 탐색하고 싶은 사람에게도, 조금 천천히 가기를 원하는 사람에게도 도움을 주는 장치입니다.

[마음성장 코칭-나의 인생기상도]

목적 : 지나온 삶을 돌아보며 자기 자신을 어떻게 생각하고 있는지 알아본다.

기대 효과 : 통찰, 자기 이해, 인생을 바라보는 관점의 전환.

방법 : 인생을 10년 단위로 나누어 날씨로 표현한다.

0~10세 ....

11~20세 ....

21~30세 ....

31~40세 ....

41~50세 ....

51~60세 ....

60세 이상 ....

인생기상도를 기록하며 어떤 느낌이 드나요?

....

....

....

통찰을 경험했다면 무엇인가요?

. . . .

. . . .

. . . .

산책

한창 슈퍼우먼으로 살던 어느 날 극심한 우울증이 찾아왔습니다. 그때 참석한 심리상담 모임에서 산책을 하라는 숙제를 받았습니다. 30분 정도 혼자 조용히 걸어보고, 그 느낌을 글로 쓰라는 것이었습니다.

당시 저는 삶에서 가장 중요한 결정을 해야 하는 시기였습니다. 그것도 한 달이라는 마감 시간까지 스스로 정해놓고 괴로운 시간을 보내고 있었습니다. 좀 더 솔직하게 말하면, 이혼 여부를 한 달만에 결정해야 했습니다. 아무리 고민해도 답은 나오지 않았습니다. 그러니 가슴에 커다란 돌덩어리를 얹은 듯 답답했고, 시도 때도 없이 한숨만 흘러나왔습니다. 일을 하지 않는 시간에는 극도로 우울한 감정과 무기력한 상태를 오갔습니다. 여기서 멈춰야 한다는 생각이 많았지만 수십 년 동안 욕구와 감정을 억누르며 살다 보니 제 마음보다 해야 할 일들이 더 중요했습니다.

산책을 위해 휴대전화도 두고 혼자 집 앞 개천길을 걸었습니다. 개나리, 진달래, 벚꽃이 줄지어 서서 고운 모습을 보여주었고, 은은한 향기와 보드라운 꽃비가 동행했습니다. 순간 서러움이 솟구쳤습니다. 그리고 이내 마음 깊은 곳에서 미안한 감정이 올라오더니 눈물이 났습니다. "아, 횡단보도 하나만 건너면 되는데, 나는 이 길을 걷기 위해 10년이 더 걸렸구나."

너무 바쁘게 살았습니다. 최우수 독서지도사로 살았던 시절입니다. 아이들을 가르치는 일이 무엇보다 의미 있고 중요하다고 생각했습니다. 결국 삶의 균형을 잃었고, 가족과 내가 어떤 마음으로 어떻게 살고 있는지 잘 느끼지 못했습니다.

크고 깊은 호흡을 하며 그 순간에 집중하자 살면서 한 번도 느끼지 못했던 새로운 감정들이 올라왔습니다. 가슴 깊은 곳에서 한평생처럼 깊은 숨이 흘러나왔습니다. '아, 숨이라는 것이 있었구나. 내가 나를 돌보지 않는 동안 내가 이렇게 건강한 몸으로 살아 있는 것은 나의 노력으로 된 것이 아니구나. 숨이 나를 살리고 있었구나.'

지금껏 세상에 태어난 이래 단 한순간도 쉬지 않고 나를 살리고 있었던 '숨'이 너무나 감사해서 또 울었습니다. 그 당시 저는 결론이 나지 않는 갈등의 상황에서 '그만 죽어버려야겠다'는 생각이 순간순간 올라왔습니다. 세상 모든 것은 노력해야만 얻을 수 있다는 생각으로 정말 열심히 살았는데, 가장 중요한 생명은 내가 애쓰지 않아도 누군가 이렇게 살리고 있었구나. 슬프다고 함부로 죽으면 안 되는 것이라는 깨달음과 함께 신에게 감사했습니다. "저를 위해 이렇게 아름다운 꽃 잔치를 매년 열었을 텐데 이제야 누리다니. 죄송해요. 그리고 감사해요."

지금 눈앞에 있는 자연과 세상의 모든 것이 서로 얼마나 깊이 연결되어 있는지, 그 안에서 이분법적 논리는 중요하지 않다는 것을 깨달았습니다. 그저 존재만으로도 충분하며 이미 다 가진 '현존'을 느끼는 순간이었습니다.

지금껏 애써 일궈온 삶을 꼭 움켜쥐고 조금이라도 변하면 안 된다고 생각했습니다. 모든 것을 놓고 싶었던 반면 모두 움켜쥐고 싶었던 그 혼돈의 순간, 나를 위한 시간과 공간을 선택했습니다. 산책으로 제 삶의 방식을 완전히 바꾸는 경험을 한 것입니다.

이후 힘겨운 상황 속에서도 애쓰며 유지했던 일을 멈출 수 있게 되었습니다. 더 많이 갖기 위해 애쓰는 삶과 자연스레 작별했습니다. 아주 자연스럽게요. 그리고 '나를 찾아 떠나는 여행'을 본격적으로 시작했습니다. 지금은 날마다 제가 원하는 것을 원하는 만큼 하며, 원하는 삶을 창조하고 있습니다. 그 시작은 저를 위해 조용히 걸었던 산책, 그 작은 선택에서부터 비롯했습니다.

오랜 시간 몸과 마음의 소리를 듣지 않고 억누르고 견디며 외면해온 사람들은 해야 하는 일에 밀려 자기 자신을 돌보지 못하는 경우가 많습니다. 또 무리한 운동과 다이어트를 하는 사람들 역시 몸에 왜곡된 관심을 주었을 뿐 자신을 진정으로 사랑하는 게 아닙니다. 가벼운 산책을 하며 굳어 있던 몸을 느끼고 마음의 소리를 느낄 수 있을 때 더 깊은 내면의 나와 만날 수 있습니다.

[마음성장 코칭-산책하기]

프로그램을 진행하는 8주 동안 매일 혹은 일주일에 3번 정도 하루 30분 산책을 권합니다. 호흡에 집중하며 주의를 밖에 두고, 만나는 모든 것을 호기심 어린 눈으로 바라보세요. 나무를 바라보며 나무가 살아온 시간을 느껴보세요. 나무의 기둥과 가지, 잎을 있는 그대로 느껴보세요. 당신의 느낌에 공감해보세요. '아, 나에게 이런 생각, 감정, 느낌이 있구나.' 지금 여기, 당신이 느끼는 것이 가장 옳습니다. 그리고 내일 다시 산책을 하며 달라진 것들을 느껴보세요.

명상

산책을 하면서 '숨'이 들어오고 나가는 것을 깊이 느껴보는 경험을 하셨나요? 그럼 이제 조금 더 호흡에 집중하며 '나'를 만나볼 수 있는 '명상'을 소개하겠습니다.

명상은 가장 좋은 휴식입니다. 명상에 필요한 것은 오직 자신뿐입니다. 어느 누구의 도움 없이 혼자 할 수 있으며, 특별한 시간이 필요한 것도 아닙니다. 언제 어디서나 의도적으로 멈춤을 선택하고, 자신의 호흡에 집중할 때 명상은 시작됩니다.

위대한 선지자들은 정신적, 육체적, 영적 잠재력을 발휘하기 위해 명상을 했습니다. 그들은 완전한 쉼과 이완으로 내면의 소리를 듣고 깨달음을 경험해 지금 여기 현존하는 자아를 온전히 느끼며, 분열된 자아가 아닌 하나의 자아로 통합을 이루고 세상과 일체감을 이루었습니다.

그렇다고 명상이 어떤 종교의식이나 신비주의자들만 사용하는 도구는 아닙니다. 누구나 온전히 자신의 내면과 연결되면 깨달음을 경험할 수 있습니다. 저는 산책으로 깊은 깨달음을 경험한 이후 가만히 앉아서 하는 명상이 아니더라도 일상 속에서 순간순간 깨달음을 경험합니다. 왜곡되고 분열되었던 감정과 욕구를 알아차립니다. 이러한 경험이 반복되고 숨 쉬는 순간의 '나'를 느끼고 알게 되면서 어느 순간 분노와 억울한 감정이 사라졌습니다.

명상은 자신의 내면과 대화를 나누는 것입니다. 어떤 비법이나 특별한 의식이 필요 없습니다. 그저 숨을 편안하게 들이쉬고 내쉬는 아주 단순한 방법으로 시작할 수 있습니다. 숨을 쉬는 특별한 방법이 있는 것도 아닙니다. 그저 편안함을 느끼며 숨을 들이쉬고 내쉬는 것뿐입니다. 이런 상태에서 호흡하는 중에 내재된 힘의 원천과 만날 수 있습니다. 잠재되어 있던 창조적 사고와 직관과 영감이 회복됩니다. 그리고 세상과의 일체감을 경험하며 좀 더 섬세하게 소통하고 열린 마음으로 받아들일 수 있게 됩니다.

하루를 시작하기 전 호흡으로 온 세상의 생명력을 받아들이고, 잠들기 전에는 하루 동안 쌓였던 부정적인 감정들을 느끼며 호흡과 함께 밖으로 내보냅니다. 명상은 매일 일정한 시간에 일정한 장소에서 하는 것이 좋습니다.

[마음성장 코칭−명상하기]

감정이나 생각, 느낌을 있는 그대로 느낀 후 이름을 붙입니다. '나의 억울함' '스트레스' '짜증이' '심통쟁이 영철이' 등 떠오르는 대로 이름을 붙여보세요. 그리고 몸의 어느 부분에서 느껴지는지 있는 그대로 느끼며, 마음 깊은 곳에서 올라오는 위로를 전해봅니다. "그래, 많이 힘들었구나. 정말 속상했구나. 억울하지. 분하지." 그 뒤 깊은 호흡과 함께 내보내며 이렇게 말합니다. "이것은 나의 감정 '억울함'이다. 나는 감정이 아니다. 감정은 내가 아니다." 다시 호흡을 깊이 들이쉬고 내쉰 후 "억울함아, 안녕"이라고 말합니다. 마음이 평화로워질 때까지 반복합니다. 하나의 감정으로부터 완전히 편안해지면 다른 불편한 감정이나 생각, 느낌으로 다시 시작합니다.

명상은 기도와 매우 닮았습니다. 기도와 명상은 모두 내면의 신성을 발견하고 신과 깊이 만나는 경험을 선사합니다. 일단 명상이 생활화되면 그전의 삶으로 절대 돌아갈 수 없습니다. 머리와 지식이 아닌, 몸으로 느끼는 경험과 지혜로 살기 때문에 보다 높은 차원의 의식으로 마음과 소통할 수 있습니다.

[마음성장 코칭–몸 돌보기 명상]

기대 효과 : 심신의 회복과 통찰.

방법 : 하루 중 언제라도 좋다. 편안한 자세로 앉아서 혹은 누워서 할 수 있다(아래 소개 글을 녹음해서 들으며 하거나 머리부터 발끝까지 호흡을 느끼면서 조용히 읽으며 해도 좋다).

"숨을 깊이 들이쉬고 내쉽니다. 당신은 지금 온 몸으로 호흡을 하고 있다고 느낍니다. 당신의 호흡을 느껴봅니다. 긴장되는 곳은 없는지 편안한지 느껴봅니다. 그리고 이제 머리부터 얼굴, 목과 어깨, 가슴, 배, 엉덩이, 허벅지, 무릎, 종아리, 정강이, 발을 느껴봅니다. 순서대로 한 부위씩 있는 그대로 느껴봅니다. 불편함이 느껴지는 곳이 있나요. 그곳에 집중해 느껴봅니다. 그리고 그 느낌에 따라 마음 깊은 곳으로부터 올라오는 위로와 감사의 마음을 전합니다. '미안해, 이제부터 내가 잘 돌봐줄게'라고 말합니다. 그리고 따뜻한 마음과 사랑을 보냅니다. '고마워, 사랑해.'"

당신은 누군가와 이야기를 할 때 어떤 모습인가요? 지금 주변에 사람들이 있다면 관찰해보세요. 그들은 어떤 모습으로 서로를 만나고 있나요?

사람들에게 평소 가족이나 직장 동료, 이웃, 친구와 서로 눈을 마주치며 대화하는지 물으면 대부분 바빠서 할 말만 하고 상대의 이야기를 경청하는 것이 어렵다고 합니다.

마음성장학교 프로그램을 시작하기 전에 제가 중요하게 전하는 것이 바로 '눈 맞춤'입니다. 삶에서 늘, 언제나, 항상 누군가와 함께 할 때는 상대방의 눈을 바라보며 이야기하라고 전합니다. 상대를 바라보면, 말을 하지 않아도 서로의 마음이 통하는 것을 느낍니다.

상대를 향해 몸을 완전히 돌리고, 마주 보고 앉거나 서서, 상대의 눈을 바라보며, 마치 온 우주에 그 사람만 존재한다는 듯이 바라봅니다. 누군가의 눈을 가만히 들여다보면 겉으로 얼핏 보아서는 알 수 없던 한 사람의 존재를 느끼게 됩니다. 단지 1분 정도만 가만히 마주 보며 눈을 맞추는 것만으로도 이전과는 다른 방식으로 사람들을 볼 수 있습니다. 바로 '마음'으로 보는 것입니다.

두 사람이 함께 이 활동을 합니다. 낯선 누군가와 처음으로 마주 서면 계속 웃으며 인사를 하는 사람, 쑥스러움과 반가움이 교차해

서로 손을 잡고 있거나 인정과 칭찬으로 대화를 시작하는 사람들도 있습니다. 이렇게 어색하게 시작한 눈 맞춤은 잠시 후 조용한 침묵 속에 서로가 마음의 눈으로 대화하고 있다는 것을 그 공간에 있는 모두가 느낄 수 있습니다. 1분이 지난 후 상대에게 용기를 주는 말 한마디를 해줍니다. 그러면 모두의 얼굴에 활짝 꽃이 피어납니다.

한 번의 경험은 그 어떤 지식보다 귀합니다. 경험에는 삶을 변화시키는 힘이 있습니다. 가족과 동료, 친구들과 대화할 때도 사랑과 존중을 담아 마주 보고 이야기를 들어준다면 우리의 삶은 어떻게 변할까요? 누군가를 있는 그대로 사랑하고 싶다면 바로 실천해보세요. 아침마다 당신의 눈을 바라보며 "안녕, 잘 잤니? 사랑해. 나는 이제 너를 세상에서 가장 귀한 사람으로 대접할 거야"라고 말해보세요. 처음엔 낯설지만 새롭고 놀라운 경험이 될 거예요. 그리고 그 경험이 삶을 바꿔줄 겁니다.

[마음성장 코칭—눈 맞춤]

목적 : 판단과 분별없이 그저 바라본다.

기대 효과 : 존중, 사랑, 회복, 통찰 그 밖의 느껴지는 모든 것.

방법 : 서로를 가만히 응시한다. 표정과 눈동자를 들여다보고 마음으로 느껴본다. 느낌과 함께 상대에게 힘이 될 말을 전해준다.

누군가의 눈을 응시한 경험이 있나요? 있다면 언제였나요?

. . . .

. . . .

. . . .

. . . .

. . . .

상대의 표정과 눈빛을 들여다본 후 마음을 나누면서 어떤 생각이 들
었나요?

. . . .

. . . .

. . . .

. . . .

. . . .

지금, 당신의 눈을 들여다보고 떠오르는 느낌이나 생각을 적어보세요.

. . . .

. . . .

. . . .

. . . .

. . . .

이 활동을 마치며 알게 된 것이 있다면 무엇인가요?

. . . .

. . . .

. . . .

. . . .

. . . .

. . . .

두려움 알아차리기

마음성장학교 프로그램에 참여하는 분들의 목적은 자신에 대한 이해와 수용, 변화와 성장에 대한 기대, 감정 조절, 관계의 회복, 내가 주인이 되는 삶 등으로 다양합니다. 다시 말해 현재의 나로부터 성장하기를 원하는 것입니다.

사람은 기본적으로 가만히 멈춰서 살아갈 수 있는 존재가 아닙니다. 우리는 생물이기에 나무처럼 계속 자라고 성숙해질 때 편안함을 느낍니다. 그래서 성장이 멈추고, 오랜 시간 변화를 경험하지 못하면 무기력과 우울이 찾아옵니다. 자존감은 낮아지고, 자기를 불신하고, 사랑하지 못하게 됩니다. 그럼에도 변화하기 어려운 이유는 무엇일까요? 저는 많은 사람과 동행하며 성장을 두려워하는 사람들의 특징을 보았습니다. 그들은 현재 속해 있는 세계를 포기하지 못하고, 새로운 세계로 나아가는 것을 지나치게 두려워합니다.

현재 내가 있는 곳을 안전한 세계라고 한다면 경계 너머의 세상은 미지의 세계라고 할 수 있습니다. 미지의 세계로 가기 위해 우리는 뭐든 배우려고 노력합니다. 그런데 그 노력이 무언가 열매를 거둘 단계로 넘어갈 시기가 오면, 새로운 세계로 들어서는 또 다른 경계를 만납니다. 경계를 넘어야 할 때, 사람들은 다시 돌아섭니다. 그렇게 돌아서면 또 얼마 후 다시 배움과 성장에 대한 욕구가 생깁니다. 그럼 다시 무언가를 배우고 노력합니다. 그런데 막상 원하던 일을 해야 할 시기가 오면 다시 그 경계를 넘지 못하고 되돌아갑니다.

변화하고 성장하기를 원한다면, 지금 내가 할 수 있고 하고 싶은 일을 필요로 하는 대상을 찾으세요. 그리고 그들에게 다가가 내가 배운 것을 나누세요. 이렇게 실행하는 것만이 경계를 넘어서고 성장할 수 있는 가장 쉽고도 좋은 방법입니다.

저는 오랜 시간 독서논술을 가르쳤습니다. 그러던 어느 날 고난이 찾아왔고 문제를 해결하기 위해 독서치료부터 무의식과 의식, 상담과 심리 등을 공부했습니다. 그리고 배운 것을 활용해 독서치료와 코칭이 접목된 프로그램을 만들었습니다. 그런 뒤 나와 비슷한 고민을 하고 있는 사람들을 돕고 싶다는 생각에 가까운 도서관에서 독서치료 봉사를 시작했습니다. 이것이 마음성장학교의 시작입니다.

만약 당신이 변화하고 성장하고자 한다면, 부족하면 부족한 대로 한 발 내딛는 용기가 필요합니다. 원래 모든 경계는 불안하고 두렵습니다. 경험해보지 못한 미지의 세계니까요. 하지만 원하는 일이 이루어졌을 때의 모습을 구체적으로 그려보거나 먼저 그 길을 걸어간 사람들의 책을 읽으며 시행착오를 줄일 수도 있습니다. 그리고 경계를 함께 넘어줄 '멘토'를 찾는다면 좀 더 쉽게 내딛을 수 있습니다.

완벽하려고 하면 성장은 더 어렵습니다. 우리는 누구도 완벽하지 않습니다. 누구나 실수합니다. 몇 개의 경계를 넘고, 몇 번의 성장을 거듭 경험하면 이제는 변화가 오는 때를 직감적으로 알아차립니다. '아, 지금이 변화할 시간이구나. 다시 경계를 넘을 때가 되었구나.' 더 이상 변화는 두려움이 아닌 성장의 신호로 다가올 겁니다.

어떤 길도 혼자는 외롭고 힘듭니다. 좋은 멘토와 함께하세요. 비교 대상이 될 수 있는 친구와는 함께하지 않는 것이 좋습니다. 지금까지 살아왔던 안전한 곳에서 경계를 넘어 전혀 다른 세계로 성장하고자 한다면 가까운 사람의 말은 잠시 듣지 말고, 내가 가고자 하는 그 길에서 성공한 사람들을 따라가는 겁니다. 그렇게 계속 경계를 넘어서 걸어가세요. 곧 두려움이 기쁨으로 변하는 순간을 만나게 될 거예요.

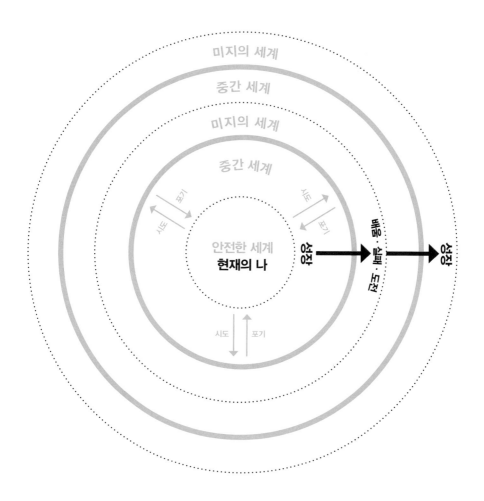

〈두려움을 넘어 성장하는 법〉

우리가 살아가는 데 필요한 답은 모두 우리 안에 있습니다. 여러분도 이 말이 무슨 뜻인지는 알고 있을 겁니다. 그런데 그 답이 어디에 있는지 도무지 찾을 길이 없습니다. 아무리 마음의 소리를 들어보려 해도 들리지 않습니다.

무언가를 결정하려면 세상의 판단과 분별이 먼저 올라옵니다. '~해야 한다, ~하면 안 된다'로 가득 채워져 마음의 소리는 어디서도 들리지 않습니다. 마음의 소리를 듣기 위해서는 앞에서 소개한 산책, 명상, 눈 맞춤 등을 통해 침묵 속에 머물러보는 것이 좋습니다.

외부의 소리가 멈춰야 내면의 소리를 들을 수 있습니다. 또한 오감이 살아나도록 일상 속에서 마음의 문을 열고 여유를 갖고 느긋하게 무엇이든 느껴보는 것이 필요합니다.

주변의 사물을 관찰하거나 냄새를 느껴보는 것도 좋습니다. 음식을 먹을 때도 눈으로 음식에 집중하고, 하나하나 감사한 마음으로 꼭꼭 씹어봅니다. 그 음식 하나가 우리에게 오기까지 얼마나 많은 시간과 수고와 땀방울이 필요했을지 생각해봅니다. 또 자신의 몸을 부드럽게 만져주고 주물러주며 불편한 곳은 없는지 살피고, 따뜻한 물로 목욕을 한 후 부드럽게 마사지하며 몸의 촉각을 되살리고, 스스로 돌보지 못했던 몸의 소리를 듣는 시간을 갖는 것도 좋습니다.

누군가에게 들은 말이나 책 속에서 발견한 단어나 문장도 머리로 판단해 생각하기보다는 가슴에 품어봅니다. 그렇게 가슴과 오장육부를 통과시킨 말과 글에는 머리로 생각해서 표현하는 것과는 다른 깊은 울림이 있습니다. 그것이 바로 마음의 소리입니다. 누군가와 대화를 할 때 너무 성급하게 대답하기보다는 상대방의 말을 가슴에 잠시 품어보세요. 그리고 조금 더 아래까지 가지고 내려가세요. 깊은 호흡이 도움이 됩니다. 숨을 깊게 들이쉬면서 가슴에 품었다가 다시 내쉬세요. 깨달음, 통찰 등 내 마음 깊은 곳으로부터 들려오는 소리를 들을 수 있습니다. 조용히 산책도 하고, 오감을 되살리고, 신체를 통과시켜 말한다면 조만간 아주 믿음직한 내면의 소리를 듣게 될 겁니다.

더 강한 마음의 소리를 듣기 위해서는 내 안의 죄책감과 타인을 비난하고 탓하고 변명하는 일로부터 벗어나는 것이 급선무입니다. 자신을 향한 깊이 있는 깨달음과 용서가 그 해법이 될 수 있습니다. 마음의 소리를 들으면 더 이상 타인의 조언이나 승인이 중요하지 않습니다. 내면의 인도에 따라 살아갑니다. 우리가 세상에서 배우는 지식은 한계가 있습니다. 그러나 내면 깊은 곳의 신성을 깨워 그 소리를 들으면 누구도 생각하지 못했던 새로운 것을 발견하게 됩니다. 예술가나 혁신적인 그룹의 지도자들이 좋은 예입니다. 그들은 대부분 명상을 하거나 신앙을 갖고 있습니다. 부디 내면 깊은 곳에 있는 당신의 신성과 속히 만날 수 있기를 바랍니다.

두려움 없는 존재
내면아이

카를 융이 '신성한 아이(Divine Child)'라고 불렀던
마음속 아이가 바로 내면아이입니다.
내면아이의 상처가 치유되면 온화한 힘을 지닌 두려움 없는 존재,
본래의 '나' 자신으로 되돌아갑니다.

당신은
누구입니까

　누군가 당신에게 "당신은 누구입니까?"라고 물으면 뭐라고 대답을 하나요? 먼저 이름을 말하겠지요. 때에 따라서는 직업이나 직함도 덧붙이겠지요. "저는 마음성장학교의 대표이며 의식성장 코치입니다." 그리고 자녀의 친구 부모나 선생님을 만나면 "저는 혁이 엄마입니다." 이렇게 소개할 수도 있겠지요. 또 때로는 사는 곳을 이야기할 때도 있을 거예요.

　그렇다면 정말로 당신은 누구입니까? 아마도 "이 모든 것이다"라고 대답하는 사람들도 있을 거예요.

　"이름, 직업, 가족 관계 안에서의 역할, 몸, 소유, 마음, 생각이 모두 당신입니까?" 이렇게 묻는다면 어떤가요. 우리가 평소에 '나'라고 믿고 있는 이 모든 것이 아닐 수도 있다면, '도대체 진정한 나는 무엇이란 말인가' 하는 의문이 저절로 올라옵니다.

그럼 질문을 살짝 바꿔보겠습니다. 이름을 바꾸면 당신이 아닌가요? 새로운 직업을 갖게 된다면 당신이 아닌가요? 사랑하는 가족을 잃는다면 당신은 없는 건가요? 당신이 누군가의 딸 혹은 아들 또는 엄마, 아빠라는 역할로부터 벗어나기로 선택한다면 당신은 어떻게 될까요? 당신이 교통사고로 신체 일부분에 손상을 입는다면 다른 사람이 되는 건가요? 소유하고 있는 돈, 차, 명품을 모두 잃게 된다면 당신은 없는 건가요? 고통스럽고 외로운 마음, 또는 즐겁고 행복한 마음이 당신인가요? 오늘이나 내일 하는 그 생각이 당신입니까? 당신은 진정 누구입니까?

우리가 가진 것 중 내면으로부터 나오지 않은 모든 것은 우리의 것이 아닙니다. 모두 한순간 사라질 것들이기 때문입니다. 삶에서 무언가를 잃은 경험이 있는 사람들은 조금 쉽게 이해가 될 것입니다. 우리가 지켜야 할 본질과 비본질을 분별하는 마음, 그 마음이 깨어 있을 때 이 물음에 답할 수 있으리라 생각합니다.

내면아이에게
말걸기

　이유 없이 우울해지고 힘겨운 시간을 보내던 시절, 홀로 심리학 책을 읽으며 '내면아이'가 있다는 것을 알게 되었습니다. 놀랍고 신기한 경험이었습니다. 내 안에 자라지 않은 어린아이가 살고 있다는 이야기를 읽으며 저도 모르게 고개가 끄덕여지고 공감이 되었습니다. '지금 내가 외로운 것은 내 안의 어린아이가 외롭기 때문이구나.'

　그 아이는 어린 시절의 '나'이며, 내가 외면하던 '나'라는 말에 울음이 올라왔습니다. 거부당하고 비난받은 어린 시절의 경험은 누구에게나 있습니다. 완벽해 보이는 부모라 해도 자녀에게 상처를 줄 수 있습니다. 상담 현장에서 보면 인품이 훌륭하고, 학벌도 좋고, 사회적 지위도 높은 부모님을 둔 자녀들이 부모의 기대에 미치지 못할 것이라는 생각에 스스로 상처를 만들고 아파하기도 합니다. 실제로 지나친 기대를 표현하는 부모 때문에 상처받은 사람들도 있습니다. 반면 부모와 함께했던 어린 시절의 좋지 않은 경험, 가난한 환경, 부모님의 직업, 성품 등이 부정적인 기억이나 상처로 남아 있는 경우도 있습니다. 이런 경우 어린 시절에 경험한 아픈 기억으로 다시는 고통받고 싶지 않아 내면아이를 모른 척하고 살아갑니다.

사회적인 인정과 칭찬, 성과를 위해 몸부림치는 동안에는 과거의 일을 생각할 겨를이 없습니다. 또 기억이 난다 해도 아무 일 없었다는 듯 애써 지워버리거나 마음 깊은 곳에 봉인합니다. 상처가 깊을수록 더 깊숙이, 더 단단하게 가둬둡니다.

그렇게 혼자 남겨진 어린아이는 자신의 잘못으로 버림받았다고 느끼고 죄의식과 수치심에 사로잡힙니다. 이렇게 홀로 외로움에 떠는 내면의 어린아이가 만들어집니다. 외면당한 내면아이는 우리가 힘겨운 시간을 보내고 있을 때, 삶의 에너지가 고갈되었을 때, 내면의 상처와 고통을 더 이상 통제할 수 없을 때 나타나기 시작합니다.

불안, 공허, 외로움, 무기력 등 우리를 괴롭히는 부정적 감정은 관계에 대한 집착이나 중독의 모습으로 나타납니다. 사랑받지 못하고 버림받은 내면아이는 자신의 존재를 알아줄 때까지 우리의 삶에 영향을 미칩니다. 어린 시절 양육자로부터 충분히, 그리고 마땅히 받아야 했던 사랑을 받지 못한 내면아이는 끊임없이 내가 아닌 타인으로부터 결핍을 채우려고 합니다. 그러나 그 아이의 마음을 따뜻하게 안아주고 사랑을 온전히 채워줄 수 있는 사람은 세상에 '나'뿐입니다.

가끔 '누가 나를 그냥 좀 안아주면 좋겠다'는 생각이 들 때가 있지요. 바로 내 안에 있는 아이의 목소리입니다. 그럴 때는 가만히 멈춰서 편안하고 안전한 곳으로 가세요. 그리고 '나'를 안아주세요.

마음속에서 들려오는 소리에 귀 기울여보세요. 깊게 호흡하며 숨을 들이쉬고 내쉬면서 마음에서 올라오는 감정들을 느껴보세요. 엄마가 사랑스러운 아이를 돌보듯 그렇게 안아주세요.

내면아이가 가진 슬픔과 고통과 외로움을 해결하려면 직접 대면하고 받아들이고 사랑하는 법을 배워야 합니다. 진심으로 사랑받고 있다고 느낄 때, 내 안의 아이는 열정적이며 직관으로 빛나는 아이로 다시 태어납니다. 우리는 본래 그렇게 경이로운 존재였습니다.

내면아이에게 편지를 쓰고 말을 걸어 대화해봅니다. 그러면 아이가 두려워하는 것이 무엇인지, 진정으로 원하는 것이 무엇인지 알 수 있습니다. 사랑에도 연습이 필요합니다. 내면아이의 고통과 분노, 두려움을 직시하고 받아들일 때, 우리는 우리 자신을 진정으로 따뜻하게 안아줄 수 있습니다. 오늘 내 안의 아이에게 말을 걸어보세요.

성장과정에서 나의 역할 찾기

초등학교 1학년 때쯤 가족과 함께 찍은 사진이 한 장 있습니다. 엄마는 언니와 남동생을 양쪽에 앉혀 양팔로 꼭 안고 있고, 저는 10센티미터 정도 떨어져 꼿꼿하게 앉아 눈을 내리깔고 뾰로통한 입 모양을 하고 있는 사진입니다.

이제 와서 생각해보면 어린 시절 저는 스스로를 '없는 아이, 있으나 마나 한 아이'로 생각했던 것 같습니다. 세 살 터울인 언니는 몸이 약해 늘 부모님에게 특별한 돌봄을 받았고, 남동생은 워낙 장난꾸러기라 부모님이 눈을 뗄 수 없었으니까요. 가게 일로 바쁜 엄마였지만 언니와 동생에게는 늘 마음을 쓰는 것처럼 보였습니다. 그 시절 나에게는 그렇게 느껴졌습니다.

그러다 보니 '나는 뭐든 혼자서 해야 하는구나' '나는 아프지 말아야겠구나' 하는 생각이 무의식중에 내면에 새겨져 '애어른'이 되었고, 뭐든 끝까지 해내려고 애쓰면서도 '힘들다'는 말 한마디 못 했습니다. 어느 순간부터는 뭐든 혼자서 해낼 수 있게 되었고, 다른 사람의 손을 빌리거나 함께 상의하는 일은 그저 피곤하기만 했습니다.

나이 마흔이 다 되어 나를 찾아 떠나는 여행을 시작한 이후, 인정받거나 칭찬받으려고 무던히도 애를 쓰며 살았던 어린 내가 너무 가엾고 안쓰러워 많이 울었습니다. 어린 시절 성장발달 과정에서 만들어진 성향과 정서가 내면 깊은 곳에 자리를 잡아 학창 시절은 물론 직장과 결혼 생활에도 영향을 주고 있음을 알게 되었습니다.

한 예로 한창 학원을 운영하며 슈퍼우먼으로 살고 있던 시절 학부모들이나 동료 선생님들이 "선생님, 애쓰셨어요" 하고 인사를 하면 그 말을 곧이곧대로 듣지 못했습니다. '뭐야, 내가 실력도 없는

데 애를 써서 이렇게 됐다는 거야? 고맙다고 하면 되지 애썼다니. 내가 하인인가?' 지금 생각하면 왜 그랬을까 싶을 정도로 저는 '애 쓴다'라는 말에 민감하게 반응했습니다. 나중에서야 그 말이 비난 이나 무시가 아니라는 것을 이해했습니다. 그 깨달음은 저를 자유 롭게 했습니다. 나 자신이 얼마나 부족한 존재인지도 받아들일 수 있게 되었고, 그동안 얼마나 노력하며 여기까지 왔는지 스스로를 인정하고 위로할 수 있었습니다.

이것이 제 내면에 있는 여러 아이 중 한 명의 이야기입니다. 호흡 을 편안하게 한 상태에서 눈을 감고 나의 어린 시절을 떠올려봅니 다. 과거 당신의 역할에 해당하는 단어를 떠올려보세요. 자신이 어 린 시절 떠맡았거나 의도적으로 선택했다고 느끼는 역할을 마음으 로 느껴서 찾아보세요. 잘 기억이 나지 않거나 모두 잊었다면 앨범 을 찾아보거나 부모님에게 물어보세요. 지난날을 함께한 가까운 사 람들과 마주 앉아 이야기를 나누면 기대하지 않았던 선물을 받게 될 겁니다. 당신은 어떤 아이였나요?

1단계 내면아이 질문지

우리 안의 내면아이는 건강할까요? 질문에 대해 너무 깊게 생각하지 말고 바로 체크해보세요.

정체성		
1 새로운 일을 시작하려고 계획할 때마다 걱정되거나 두렵다.	Yes	No
2 모든 사람이 좋아하는 멋진 사람이지만 나 자신에 대한 확신은 없다.	Yes	No
3 반항적이며 다른 사람과 다툴 때 살아 있다는 것을 느낀다.	Yes	No
4 숨겨진 나 자신의 깊은 곳에서 무언가 내게 잘못된 것이 있다고 느낀다.	Yes	No
5 나 자신이 마치 창고와 같아서 아무것도 내다버릴 수 없다.	Yes	No
6 남자로서 혹은 여자로서 부족하다고 느낀다.	Yes	No
7 성별에 대해 혼란스럽다.	Yes	No

8 나 자신을 두둔하면 죄책감이 느껴져 차라리 다른 사람 편을 드는 게 낫다. Yes No

9 새로운 일을 시작하기가 어렵다. Yes No

10 일을 끝내는 게 어렵다. Yes No

11 자기만의 생각을 가져본 적이 거의 없다. Yes No

12 자신의 부족함에 대해 계속해서 스스로를 비판한다. Yes No

13 나 자신이 아주 죄 많은 사람이라 생각하고 지옥에 갈까 봐 무섭기도 하다. Yes No

14 아주 엄격하고 완벽주의 기질이 있다. Yes No

15 한 번도 내가 능력이 있다고 생각한 적이 없고 제대로 일을 해본 적도 없다. Yes No

16 진정으로 원하는 것이 무엇인지 모른다는 생각이 든다. Yes No

17 완전한 성취자가 되기 위해 나 자신을 통제한다. Yes No

18 성적으로 매력적이지 못하면 아무것도 아니라는 생각이 든다.
    혹시 나 자신이 멋진 연인이 되지 못하면 버림받거나 거절당할까 두렵다. Yes No

19 인생이 공허하다. 대부분의 시간 동안 우울하다. Yes No

20 나 자신이 누구인지 정말 모르겠다. 나의 가치가 어느 정도인지 어떤 것에
    대해 내가 어떻게 생각하는지도 모르겠다. Yes No

기본적인 욕구

1 언제 피곤하고, 배고프고, 흥분하는지 등의 신체적 욕구에 무감각하다. Yes No

2	다른 사람들이 나한테 손대는 게 싫다.	Yes No
3	정말로 원하지 않을 때라도 종종 섹스를 한다.	Yes No
4	예전에 혹은 현재 섭식장애가 있다.	Yes No
5	구강성교를 좋아하고 집착한다.	Yes No
6	무엇을 느끼는지 잘 모른다.	Yes No
7	화가 났을 때 나 자신이 부끄럽다.	Yes No
8	화를 잘 내지 않지만, 화가 났을 때는 아주 격노한다.	Yes No
9	다른 사람들이 화를 내는 것이 무서워 무엇이든 하려고 한다.	Yes No
10	눈물이 날 때 자신이 부끄럽다.	Yes No
11	겁이 날 때 자신이 부끄럽다.	Yes No
12	별로 좋지 않은 감정은 거의 표현하지 않는다.	Yes No
13	항문섹스에 집착한다.	Yes No
14	가학적이거나 자기학대적인 변태 섹스에 집착한다.	Yes No
15	자신의 신체적인 기능이 부끄럽다.	Yes No
16	수면장애가 있다.	Yes No
17	포르노영화를 보는 데 비정상적으로 많은 시간을 보낸다.	Yes No
18	다른 사람들을 자극하기 위해 자신을 성적으로 보이려 한 적이 있다.	Yes No

19 어린아이에게 성적 매력을 느끼지만 그것을 행동으로 보일까 봐 걱정이다. Yes No

20 음식 또는 섹스가 나의 가장 큰 욕구라고 믿는다. Yes No

사회성

1 기본적으로 나 자신을 포함해서 다른 사람들을 믿지 않는다. Yes No

2 예전에 혹은 지금 중독자와 결혼했다. Yes No

3 관계에 있어서 너무 강박적이거나 통제적이다. Yes No

4 중독자이다. Yes No

5 관계에서 고립되어 다른 사람들, 특히 권위자를 무서워한다. Yes No

6 혼자 있는 게 싫기 때문에 그러지 않기 위해 무엇이든 하려고 한다. Yes No

7 다른 사람들이 내게 기대한다고 생각되는 걸 하고 있는 자신을 발견하곤 한다. Yes No

8 어떤 상황이든 분쟁을 피한다. Yes No

9 다른 의견에 싫다고 말해본 적이 거의 없으며,
그들의 제안에 따라야 할 것 같다. Yes No

10 지나친 책임감을 느낀다. 그래서 혼자보다는
다른 사람들에게 관여하는 게 편하다. Yes No

11 다른 사람의 부탁을 교묘하고 간접적이며 소극적인 방법으로 거절한다. Yes No

12 다른 사람들과 다투고 나서 어떻게 해결할지 잘 모른다. 그래서
상대방을 눌러버리거나 아예 포기해버린다. Yes No

13 이해하지 못하는 부분에 대해서도 거의 해명을 요구하지 않는 편이다. Yes No

14 종종 다른 사람들이 무슨 뜻으로 말을 했는지 추측하고 대답한다. Yes No

15 부모님 중 어느 한 분과도 가깝다고 느껴본 적이 없다. Yes No

16 사랑과 연민을 혼동하고 동정이 가는 사람을 사랑하는 경향이 있다. Yes No

17 누군가 실수하면 그것이 자신이든 다른 사람이든 비웃는다. Yes No

18 아주 쉽게 그룹의 규칙에 따른다. Yes No

19 나는 아주 경쟁적이며 불쌍한 패배자다. Yes No

20 제일 큰 두려움은 버림받는 것이기 때문에 관계를
유지하기 위해서는 무엇이든 할 수 있다. Yes No

(출처: 〈상처받은 내면아이 치유〉, 존 브래드쇼 지음, 학지사, 2004)

각 항목별로 'Yes'가 10개 이상이면 내면아이의 돌봄과 치유가 필요한 상태입니다. 점수와 함께 주목할 것은 체크한 각 항목의 질문으로, 그 질문을 여러 번 읽으며 올라오는 감정에 집중합니다.

2단계 내면아이 셀프 코칭

다음 질문지는 일대일이나 그룹 혹은 셀프 코칭으로 활용할 수 있습니다. 머리가 아닌 마음으로 감정에 집중하며 하나하나 진정성을 담아 용기 있게 진행합니다.

1. 검사 결과 정체성과 기본적 욕구, 사회성 각 항목별로 'Yes'는 몇 개인가요? 그 결과에 만족하나요?

2. 당신의 내면아이가 앞으로 어떻게 되기를 원하나요?

3. 내면아이 점수는 당신에게 어떤 의미인가요?

4. 내면아이가 건강해진다면 당신의 삶에 어떤 변화가 생길까요? 구체적으로 묘사해보세요.

5. 'Yes'로 표시한 항목은 어떤 것들인가요? 모두 소리 내어 읽어보세요. 읽으면서 혹은 다 읽고 나서 자신에 대해 성찰한 것은 무엇인가요?

6. 내면아이가 건강해지도록 지금부터 어떤 변화를 시도하겠습니까? 또 그 해결책으로는 무엇이 있을까요?

7. 6번에서 답한 것과 같은 변화가 당신의 내면아이가 건강해지는 데 어떤 영향을 주며, 왜 그런가요?

8. 내면아이가 원하는 만큼 건강해지면 어떤 기분이 들까요?

9. 6번에서의 선택을 언제부터 실행할 것이며, 방해 요소가 있다면 무엇인가요?

10. 지금까지 내면아이 코칭을 하면서 어떤 느낌이 들었나요?

3단계 의식의 흐름 글쓰기

내면의 소리를 들으며 자신과 깊은 대화를 하기 위해 '의식의 흐름 글쓰기'를 권합니다.

기대 효과

1. 내면의 자아를 인식할 수 있다.
2. 자신의 생각, 행동, 대인관계 유형 등을 객관적으로 바라볼 수 있다.
3. 마음속에 엉킨 감정을 토해내고 평안을 회복한다.
4. 자신의 삶에 다양한 관점을 갖는다.
5. 매일 아침 하루를 시작하는 자기만의 의식을 갖는다.

방법

1. 매일 아침 일상을 시작하기 전에 쓴다.

2. 손으로 3쪽 분량의 글을 쓴다.

3. 시간은 20~30분이 넘지 않도록 한다.

4. 내면에서 들리는 것은 무엇이든 다 쓸 수 있다.

5. 가능한 한 빠르게 적어 내려간다.

6. 다 쓴 후 마음속에 떠오르는 생각이나 감정 등 그날의 통찰을 한 줄로 요약한다.

지난 시간 깊은 우울과 억울함, 시도 때도 없이 올라오는 분노를 잠재우는 데 이 글쓰기가 절대적인 도움을 주었습니다. 감정 조절의 어려움이나 깊은 우울증을 경험하고 있거나, 자기도 모르는 폭력성을 은밀하게 숨기며 살고 있다면 지금 당장 마음속 그 소리들이 말할 수 있도록 의식의 흐름 글쓰기를 시작하세요.

누구에게도 털어놓을 수 없어서 그저 꾹 눌러두었던 미해결 과제와 억울한 감정을 덜어내지 않고 계속 억누르면 쓰레기봉지가 터지듯 언젠가 터지겠지요. 원치 않은 순간에 통제할 수 없는 상황이 벌어질 수 있습니다.

잠시 책을 놓고 20분간 써보세요. 할 말이 없으면 '할 말이 없다'고 쓰면 됩니다. 펜을 종이에서 떼지 말고 계속 쓰세요. 쓰는 행위를 멈추면 생각을 하게 됩니다. 그러면 더 이상 마음을 쓰는 일이 부질없어집니다.

4단계 목욕하며 다시 태어나기

유튜브 동영상을 활용해 커피소년의 노래 〈내가 니 편이 되어줄게〉를 가만히 들어보세요.

내가 니 편이 되어줄게
괜찮다 말해줄게
다 잘될 거라고 넌 빛날 거라고
넌 나에게 소중하다고
(…)
모두 끝난 것 같은 날에
내 목소릴 기억해
괜찮아 다 잘될 거야
넌 나에게 가장 소중한 사람
(…)

—커피소년, 〈내가 니 편이 되어줄게〉

노래를 들으며 어떤 감정을 느꼈나요? 이제 당신의 내면아이를 온몸으로 느끼며 안아주세요. 욕조에 따뜻한 물을 가득 담아 향기 좋은 입욕제를 풀고 자신의 몸을 구석구석 정성껏 닦아주세요. 존귀한 예술품을 다루듯 그렇게 자신을 어루만지고 느껴보세요. 그리고 잠시 욕조에 가만히 누워 마음속에서 올라오는 그 어떤 감정에도 "다 괜찮아"라고 말해보세요. 지금 여기, 당신은 있는 그대로 완전합니다. 하루하루 변화하고 성장하는 존재이기 때문입니다. 오늘은 오늘 모습 그대로 완전하고, 내일은 또 내일만큼 완전합니다.

그리고 당신이 정말 하고 싶은 말을 해주세요. 아기가 따뜻하고 안전한 엄마의 자궁에서 탄생하듯이 당신도 이제 새로 태어납니다. 어느덧 어른이 된 당신은 이제 당신의 내면아이를 정성껏 안전하게 돌봐줄 수 있는 사람입니다.

5단계 그때는 할 수 없었지만 지금은 할 수 있는 것

어린 시절에는 가질 수 없고 할 수 없었던 것을 지금은 소유하고 있거나 할 수 있는 것이 있다면 무엇인지 목록을 만들어보세요.

하나하나 목록을 적어보며 어떤 감정을 느끼고 어떤 통찰이 있었나요?

6단계 편지 쓰기

내면아이가 두려워하는 것이 무엇인지, 내면아이의 고통, 분노, 두려움을
온전히 느껴보세요. 그때 그 순간을 직면하며, 내면아이가 진정 원하는 것
이 무엇인지 느껴보세요. 그리고 마치 엄마가 곁에서 위로하고 안아주듯
마음을 전하는 편지를 써봅니다.

당신 안에 있는 아이는 어떤 아이인가요? 공존하려면 어떤 노력이 필요할까요?

오래전 방영됐던 SBS드라마 〈괜찮아 사랑이야〉에는 그 과정이 잘 표현되어 있습니다. 주인공 장재열(조인성)은 조현병 증세를 보이는 작가로 그에게 '강우'라는 소년이 계속 나타납니다. 강우는 다른 이들에게 보이지 않는 장재열의 환시입니다.

장재열은 강우가 청소년 시절 아버지에게 고통받던 자신의 내면아이라는 것을 모르고 그저 자신의 팬이라 생각합니다. 그러던 어느 날 강우의 발을 본 장재열은 강우가 언제나 피 흘리는 맨발로 나타났다는 것을 깨닫게 됩니다. 장재열은 강우의 맨발을 보자 마음이 아련하게 아파옵니다. 그리고 강우가 자신의 환시라는 것을 직면합니다. 어린 시절 술을 마시면 엄마를 때리던 의붓아버지와 형의 폭력을 피해 맨발로 뛰어 달아나다 막다른 길에서 재래식 화장실에 숨어들었던 기억, 그 처절한 순간 앞서 달아나다 같은 장소에 숨은 엄마를 발견한 비극적인 경험은 장재열의 감정을 얼려버립니다.

다시는 생각하고 싶지 않은, 죽을 만큼 수치스러운 경험을 그날 이후 누구에게도 말하지 못합니다. 그 공간에 함께 있던 엄마와도 나눌 수 없었습니다. 소화되지 못한 감정은 트라우마가 됩니다. 장재열의 내면에서 얼려버린 기억이 강우라는 내면아이가 되어 이제 그 아픈 마음을 위로받고자 나타난 것입니다. 드라마의 결말에서 장재열은 강우의 존재를 인식하고 수용하고 받아들이면서, 지난날 수치스러웠던 기억이 되살아납니다. 살기 위해 얼려버린 그때의 감정을 비로소 온전히 마음으로 느낄 수 있게 됩니다. 아무도 돌봐주지 않았던 어린 시절, 도움은커녕 자신을 불편해했던 사람들, 외면당했던 지난 시절을 생생하게 기억해냅니다. 그리고 그 감정을 거부하지 않고 온전히 다 느꼈을 때, 내면아이와 마주 볼 수 있게 됩니다. 그 피 흘리는 발을 스스로 닦아줄 용기를 갖게 됩니다.

이와 같은 과정을 통해 내면아이를 만나고, 그 아이의 고통을 알아주며 작별 인사를 해도 그 아이는 사라지지 않습니다. 왜냐하면 당신이 바로 그 아이이기 때문입니다. 과거 없이 당신은 존재하지 않습니다. 그러나 내면아이와 화해하면 당신은 더 이상 불필요한 방어기제들을 사용하지 않게 될 겁니다. 내면의 상처가 치유되면 온화한 힘을 지닌 두려움 없는 존재, 본래의 당신으로 되돌아가게 됩니다. 자신이 사랑받을 만한 존재임을 깨달으면, 비로소 다른 사람에게도 마음을 열 수 있습니다. 내면아이와 화해하면 타인과의 관계도 회복됩니다. 드라마 다시보기를 통해 주인공이 내면아이와 화해하는 과정을 함께해보세요.

진정한 성장이 시작되는 곳
그림자

당신에겐 어떤 무늬가 있나요?
마음의 상처가 무늬가 될 때
더 이상 그림자가 아닌, 누군가의 상처를 어루만지는
사랑과 치유의 도구가 됩니다.

당신은 특별한
존재입니다

특별한 존재

나는 내가 특별한 사람이라는 것을 압니다.
나와 똑같은 사람은 아무도 없습니다.

예의 바름, 사랑, 그리고 에너지
이러한 모든 것들은
다른 사람들에게도 전해줄 수 있으며
나 자신에게도 전해줄 수 있습니다.

왜냐하면 나는 특별한 존재이기 때문입니다.

나는 감사함을 받을 만하고 높은 자존감을 가지기에

충분한 아주 특별한 존재입니다.

–〈버지니아 사티어의 명상록〉 중에서

버지니아 사티어의 이 시를 읽고 어떤 느낌과 인상이 떠오르나요. 어떤 사람은 '특별하다'는 말이 우쭐거리는 모습 혹은 거만한 태도를 떠올려 거부감이 느껴진다고 합니다. 또 누군가는 자신도 타인만큼 특별하다는 것을 깨닫게 되었다 합니다.

이 시를 전해드리는 이유는, 우리가 다른 이들에게 친절한 것처럼 우리 자신에게도 '예의 바름과 사랑, 그리고 에너지'를 전해줄 수 있는 존재임을 말하기 위해서입니다. 이 시에서 '특별하다'를 '독특하다'로 바꾸면 좀 더 이해하기 쉽습니다. 우리는 매우 독특한 존재입니다. 세상에 단 하나밖에 없는 유일한 존재입니다.

자신에게 호기심을 갖고 인정하고, 수용하고, 사랑을 전할 수 있을 때 다른 이들에게도 온전한 사랑을 전할 수 있습니다. 밖에서는 온화하지만 가족에게는 폭력적인 사람들이 있습니다. 이들은 가족을 자기 자신이라 생각합니다. 자신을 소홀히 대하는 사람은 자신의 가족도 온전히 존중하지 못합니다.

지금껏 다른 이들에게 보여줬던 예의 바름, 사랑, 그리고 좋은 에너지를 자신에게도 온전히 전해주세요. 내가 존중받고 사랑받는다는 것이 무엇인지 깊이 경험할수록 그 사랑을 가족과 타인에게도 전할 수 있습니다. 내가 특별한 만큼 우리 모두 그런 존재임을 몸과 마음으로 깨닫기 때문입니다.

그렇다면 당신의 특별함은 무엇인가요? 어디에서 무엇으로부터 기인한 것인가요? 질문에 답을 떠올려봅니다.

내 삶의 중심, 변두리

어린 시절을 떠올려보세요. 어떤 냄새나 향기가 떠오르는지요? 냄새와 향기는 사뭇 다른 느낌입니다. 당신의 가족을 떠올려보세요. 어떤 것들이 떠오르나요?

어느 날 한 권의 책이 저에게 다가왔습니다. 청소년소설 〈변두리〉(유은실 지음, 문학동네, 2014)입니다. '변두리'라는 세 글자와 그 밑에 깨알만큼 작은 글씨로 써 있는 '동생 꿈은 카우보이였다. 도살장 초원을 지키는'이라는 문장이 눈에 들어왔습니다. '도살장' 그리고 '변두리', 그 두 단어가 아주 오랫동안 봉인해두었던 어린 시절을 단번에 소환시켰습니다.

순간 도살장 냄새가 확 올라왔습니다. 조심스럽게 책장을 넘기

자 책날개에 '유은실 1974년 생. 서울 변두리에서 자랐다' 이렇게 써 있습니다. 그리고 그 아래, '하고 싶은 말과 해야 할 말이 아카시아 꽃잎처럼 머릿속에 흐드러졌다. 꽃잎 같은 말이 마음속을 둥둥 떠다녔다.'

이 짧은 한 구절이 내 삶의 중심이었던 변두리를 마주할 시간이 되었음을 알게 했습니다. 갑자기 눈물이 왈칵 솟구쳤습니다.

초등학교를 입학하고 나서 저는 알았습니다. 도살장이 있고 연탄 공장이 있던 우리 동네가 그렇게 좋은 곳이 아니라는 것을. 동네가 부끄러웠고, 그곳에서 작은 식료품점을 하며 생계를 이어가는 우리 가족이 부끄러웠습니다. 새 학년이 시작될 때 가정환경 조사서를 써야 하는 순간이 정말 끔찍해 학교도 가고 싶지 않았습니다.

시간이 지나 결혼을 하고 겉으로 보기에 편안한 듯 살고 있을 때에는 지난 시절 우리 가족을 부끄럽게 생각했다는 것조차 까맣게 잊고 살았습니다.

그러던 어느 날 삶에 시련이 들이닥쳤습니다. 그것도 가장 친밀했던 사람, 그 환경으로부터 나를 구원해준, 내가 늘 부러워하던 환경으로 나를 옮겨준 사람, 바로 남편과의 관계에서 여러 문제가 발생했습니다. 처음에는 단절된 느낌 정도였는데 점점 더 심각한 소통의 문제가 발생했고, 평화를 위해 서로 말을 하지 않는 편이 낫겠다는 결론을 내렸습니다. 좀 부딪치더라도 서로를 더 알고 이해하기보다는 다른 사람들이 눈치채지 못하게 넘어가는 것을 우선 선택했습니다.

돌이켜보면 모든 것은 내가 나를 가족으로부터 분리시켜 외톨이라 생각한 데서 시작합니다. 어린 시절 가족을 부끄럽게 여기면서 내 안에 수치심이 자리 잡았고, 그 수치심은 어두운 그림자가 되어 나를 지배했습니다. 나는 의도적으로 누군가와 깊은 관계를 맺지 않았습니다. 누군가 나의 감정에 개입하려 하면 긴장되고 경직돼 어찌할 바를 몰랐습니다. 5년의 연애와 10년 이상 결혼 생활을 함께한 남편은 세상에서 유일하게 나를 이해하고, 나 역시 그를 이해한다고 생각했습니다. 하지만 어릴 적부터 외톨이라고 생각하며 살아온 나는 남편의 사랑을 편안한 마음으로 행복하게 받을 수 없었습니다. 내가 나를 부끄러워하는데 누가 나를 존중해준들 그것을 믿을 수 있을까요? 나 자신을 사랑하지 않는데 누가 나를 온전히 사랑한다고 믿을까요? 결국 내 삶의 모든 아픔과 고통은 내가 나를 인정하지도, 사랑하지도 않았던 그 가엾고 안타까운 마음 때문이었음을 알게 되었습니다.

다시 변두리 이야기로 돌아오면, 그 책을 통한 직면이 내가 자란 서울 변두리 동네의 모든 기억을 생생하게 되살려놓았습니다. 누구에게도 말하지 않았던 기억, 그리고 여전히 친정어머니를 만나러 갈 때면 특별한 냄새로 나를 맞아주는 그곳을 이제는 담담하게 유년의 추억이라 말할 수 있습니다.

어린 나는 부모님이 부끄러웠던 것이 아닙니다. 우리 가족이 함께 오순도순 모여 저녁 식사를 할 수 있는 집에서 살고 싶었던 겁니다. 늘 가게에 매여 있는 엄마가 한 번이라도 쉴 수 있기를 얼마나 바랐는지 모릅니다. 나는 형편을 부끄러워한 것이 아니라 우리 가족의 삶의 방식이 부끄러웠던 것입니다. 가게와 살림집, 일하는 시간과 쉬는 시간의 구분 없이 살아가는 부모님의 힘겨운 삶의 방식이 싫었던 것입니다.

내 삶의 중심을 이루고 있는 유년의 추억을 회복하면서 잊었던 (어쩌면 '지워버린'이 더 맞을지도 모르는) 많은 일이 좀 더 명확해졌습니다. 더불어 내 삶의 중심과 더욱 친밀해지는 경험을 할 수 있었습니다. 자신의 근원을 부정하고 거부함으로써 얻을 수 있는 것은 아무것도 없습니다. 하지만 근원과의 온전한 연결은 아무리 아프고 쓰린 기억일지라도 행복을 줍니다.

당신의 유년을 떠올리면 어떤 냄새 혹은 향기가 나나요? 용기를 가지고 당신의 유년과 만나보세요. 과거를 외면한 채 잊고 살 수는 없습니다. 왜냐하면 지나온 시간과 공간이 바로 지금의 '나'이기 때문입니다. 우리의 삶을 동심원으로 표현하면 좀 더 쉽게 인식할 수 있습니다. 중심이 없다면 어떻게 건강하게 성장할 수 있을까요? 어떻게 나다운 삶을 살 수 있을까요? 당신이 지금 자신의 모습을 사랑한다면 그때 그 시절이 아무리 아프고 힘들었다 해도 곧 감사함으로 수용할 수 있게 될 것입니다. 그 경험이 지금의 당신을 있게 했기 때문입니다.

그림자, 성장이 시작되는 곳

> 빛을 밝히는 것은 곧 그림자를 만드는 것이다.
>
> — 칼 구스타브 융

자아와 그림자는 같은 원천에서 만들어지고 서로 정확한 균형을 이룹니다. 빛을 밝히는 것은 곧 그림자를 만드는 일입니다. 자신의 그림자를 소유한다는 말은 내면의 중심에 도달하는 것인데, 이 방법 말고는 중심에 닿을 길이 없습니다. 이 과업을 성취하지 못하면 성숙해질 수 없고, 삶의 목적을 발견할 수 없습니다. 즉 스스로 외면한 어둠을 수용하고 사랑해야만 우리는 온전한 자아를 만날 수 있습니다. 우리가 내면의 그림자를 수용하지 못하면, 그 그림자를 갖고 있는 타인을 비난하고 미워하는 '투사'를 하게 됩니다. 결국 자신은 물론이고 누구도 사랑하지 못하는 사람이 됩니다. 심리학자 칼 구스타브 융은 '그림자는 우리를 가르치고 인도해 '전체적인 자기'에 도달하도록 축복해주는 존재이므로 탐구해야 할 소중한 자원'이라고 말합니다. 융이 말하는 자아와 그림자를 통합하기 위해 알아야 할 주요 개념을 정리해봅니다.

페르소나(Persona)

되고 싶어 하는 모습인 동시에 세상에 드러내고 싶어 하는 모습입니다. 즉 '심리적인 옷'이라 말할 수 있습니다. 페르소나는 상황에 따라 갈아입을 수 있어야 합니다. 예를 들어 직업이 교사인 엄마가 퇴근해서도 계속 선생님 페르소나를 사용한다면 어떨까요? 아마 남편도 아이들도 힘들어할 것입니다. 물론 고착된 페르소나를 입고 어디서나 선생님으로 살아간다면 본인도 힘들겠지요. 우리는 삶의 시기와 상황에 어울리는 페르소나를 스스로 선택하고 바꿀 수 있습니다. 하나의 역할만 수행하며 살아가는 사람은 단 한 사람도 없습니다.

자아(Ego)

본연의 자기가 아니라 의식적으로 생각하고 인식되는 자신을 말합니다. 사람마다 인식 수준에 따라 자아가 과장되거나 지나치게 비하될 수 있습니다. 모두 건강한 상태는 아닙니다. 본연의 자기 그대로를 인식하기 위해서는 자아가 어떤 상황에서 어떻게 말하고 행동하는지 관찰할 것을 권합니다. 일상 속의 자신을 관찰하면서 깨달아야 건강한 자아를 회복할 수 있습니다.

그림자

우리가 보려 하지 않거나 이해하는 데 실패한 자신의 일부입니다. 그림자는 우리의 무의식에 감춰져 있는 두려움, 성적 욕망, 비합리적 소망, 부도덕한 충동, 이기적 욕구, 수치스러운 경험, 폭력적인 동기 등 부끄럽게 생각해 스스로 기억에서 지워버렸거나 봉인한 것들입니다. 이렇게 삶의 중심에서 드러나지 않도록 처리해버린 그림자는 우리가 통제할 수 있는 상황에서는 어느 정도 감추고 사는 것이 가능합니다. 그러나 그림자를 끌어안고 사는 삶은 늘 경직되고, 방어적이며 자유롭지 못합니다. 이들은 술을 마셔도 잘 취하지 않습니다. 그리고 대체로 마시지 못한다고 말합니다. 스스로 통제할 수 없는 상황을 만들지 않습니다. 당신이 가장 두려워하는 것은 무엇인가요? 진정한 성장은 그 순간부터 시작됩니다.

역설

그림자를 소유해 가치 있고 위엄 있는 자리로 끌어올리면 비로소 고귀한 화합의 장인 '역설'이 존재할 수 있습니다. 우리 삶의 가장 값비싼 진주는 일상의 갈등과 긴장 속에서 찾을 수 있습니다. 영웅이란 '역설을 감당하는 능력의 소유자'입니다. 역설에 동의한다는 것은 곧 고통을 받아들인다는 의미입니다. 이는 자아보다 훨씬 큰 세계를 의미합니다. 이러한 체험은 우리가 더 이상 앞으로 나아갈 수 없다고 느끼는 지점, 해결책이 전혀 안 보이는 바로 그 지점에서 정확히 일어납니다. 이 순간이 자신보다 훨씬 더 높은 곳으로부터 초대를 받는 순간입니다. 당신의 삶에서 역설의 순간은 언제였나요? 삶의 벼랑 끝에서 뛰어내리면 죽을 것만 같은 순간, 우리는 뛰어내리기로 선택함과 동시에 나는 법을 배우게 됩니다. 역설은 바로 이 순간에 이루어집니다. 혼자 힘으로는 아무것도 할 수 없다고 느끼는 순간, 자신의 지식과 지혜로는 더 이상 어쩔 수 없음을 아는 순간, 이전의 방식을 포기하고 내려놓을 때 비로소 이해할 수도 설명할 수도 없는 새로운 무언가를 알게 되고, 이전과는 다른 방식으로 문제가 해결되는 결과를 만들어냅니다.

당신에겐 어떤 무늬가 있나요? 저는 수많은 사람을 만나고 그들의 삶을 깊이 느끼면서 발견한 것이 있습니다. 하나같이 어쩌면 그렇게 자신이 오랜 시간 품고 산 그림자와 닮아 있을까요.

그래서 알았습니다. 우리가 아무리 감추려 하고 봉인해도 그림자는 자신만 모를 뿐 타인에게는 다 보인다는 것을요. 실제로 자신의 그림자를 수용하지 못하고 보이지 않도록 그늘 속에서만 웅크리고 살아가는 사람들도 있습니다.

당신의 그림자를 빛 가운데로 나오게 하세요. 아이가 그림자놀이를 하는 장면을 떠올리며 당신의 그림자가 키다리 아저씨로, 커다란 괴물로 변하는 순간을 즐겨보세요. 그래도 괜찮다는 것을 느껴보세요. 실제로 거리에 나가 당신의 몸이 만드는 그림자를 바라보세요. 그리고 당신 마음 깊은 곳에 숨겨둔 그림자와도 만나보세요.

어쩌면 당신의 그림자는 살면서 견디기 어려웠던 순간, 너무 힘들어서 닫아둔 당신의 감정일 수도 있습니다. 사랑했던 사람과의 관계에서 받은 거절과 단절로 인한 수치와 모멸감일 수도 있고, 마땅히 받아야 했던 돌봄과 사랑을 받지 못해 생긴 왜곡된 마음일지도 몰라요. 이제 그 마음 하나하나를 불러내 빛과 바람을 들여보내주세요.

아무리 오래된 상처도 정성껏 치료하면 아물 수 있습니다. 잘 아문 상처는 우리 몸의 무늬가 됩니다. 살다 보니 어느새 어린아이 같던 제 몸에도 여러 무늬가 새겨졌습니다. 이 무늬가 있기에 비슷한 고통과 아픔을 가진 사람들에게 공감합니다. 그리고 그들도 저를 알아봅니다.

◈ 자아와 그림자 통합 코칭 프로세스 ◈

1단계 당신 마음의 창은 어떤 모양인가요?

마음의 창이 있다면 어떤 모양일까요? 각자의 마음 상태에 따라 창의 크기가 달라지겠지요. 자아와 그림자의 통합은 건강한 자기개방으로부터 시작됩니다. 안전하고 의미 있는 관계 안에서 삶에 대해 나누고 충분히 공감받는 가운데 자신의 그림자까지도 온전히 수용할 수 있게 됩니다.

	자신은 안다	자신은 모른다
타인은 안다	**열린 창** open	**보이지 않는 창** blind
타인은 모른다	**숨겨진 창** hidden	**미지의 창** unknown

'조하리의 창'은 미국의 심리학자 조셉 러프트와 해리 잉햄이 개발한 자아인식도구로 인간관계에 있어서 마음의 창을 볼 수 있습니다. 조하리의 창은 크게 네 개의 영역으로 이루어집니다. 자신도 알고 타인도 아는 '열린 창', 자신은 알

지만 타인은 모르는 '숨겨진 창', 자신은 모르지만 타인은 아는 '보이지 않는 창', 자신도 모르고 타인도 모르는 '미지의 창'이 바로 그것입니다.

어떤 창이 큰가에 따라 개방형, 주장형, 신중형, 고립형으로 나눌 수 있으며, 각각 인간관계의 특성을 알아볼 수 있습니다.

열린 창

1. 열린 창이 넓은 **개방형**
이 영역이 넓은 사람은 개방적이며 원만한 성격의 소유자로 타인과 잘 어울린다.
예) 말과 행동으로 보여지는 것, 성별, 나이, 외모 등

보이지 않는 창

2. 보이지 않는 창이 넓은 **주장형**
이 영역이 넓은 사람은 타인에게는 개선할 점이 많이 보이나 자신은 깨닫지 못해 생산적인 관계로 발전하지 못한다. 공동작업으로 자신이 모르는 부분을 알게 되고 잠재력을 발견할 수 있다. 숨겨진 부분이 노출될 때 타인으로 인한 상처가 두려워 감정을 숨길 수 있다.
예) 자각하지 못한 버릇, 성품, 재능, 강점 등

숨겨진 창

3. 숨겨진 창이 넓은 **신중형**
이 영역이 넓은 사람은 자신을 이해하고 있으나 수용하지 못해 생산적인 관계로 발전시키지 못하고 불안과 긴장, 내적 고독으로 능력을 충분히 발휘하지 못한다. 대체로 거부 또는 거절당한 상처

가 있다.

예) 스스로 감추는 약점, 가치, 신념 등

4. 미지의 창이 넓은 **고립형**

미지의 창

이 영역이 넓은 사람은 비밀이 많아서 스스로도 어떻게 행동해야 할지 모른다. 인간관계가 소극적이고, 혼자 있는 것을 즐긴다. 고집이 세고 주관이 강하며 삶에 부정적이다. 내성적인 사람과 달리 폐쇄적이며 치료가 필요한 경우도 있다.

예) 콤플렉스, 욕망, 무의식, 신비의 영역 등

경청과 피드백, 건강한 자기공개와 자기발견 등 마음성장 코칭을 통해 숨겨진 창과 보이지 않는 창의 영역을 좁혀나갑니다. 가정 혹은 공동체 안에서 친밀한 상호작용을 하는 것도 좋은 방법입니다. 개인적인 비밀을 털어놓으면 두려움과 수치심이 줄어들거나 사라지는 것을 경험을 하게 됩니다. 또 타인의 깊은 통찰을 경청하고 이야기를 나누다 보면 자신의 보이지 않는 창에 대해서도 더 깊이 알게 됩니다. 무엇보다 자연스러운 대화와 공동작업은 의식을 일깨우고 새로운 관점을 갖게 해 이전의 자아상으로부터 벗어날 수 있게 합니다. 나도 모르고 너도 모르는 영역인 미지의 영역도 자기 자신을 더 깊이 알아가는 활동과 내면에 대한 통찰을 통해 좁혀나갈 수 있습니다.

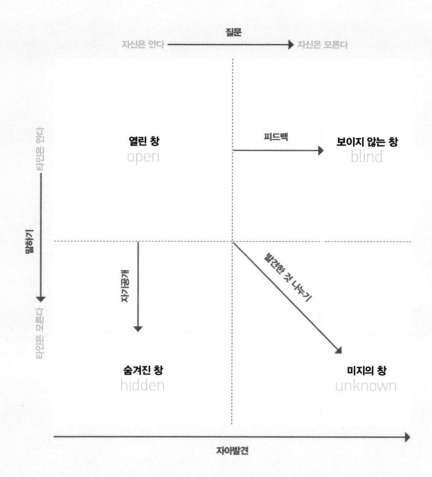

목적

현재 자신의 대인관계 방식을 알고 원만한 관계로 성장할 수 있는 방법을
모색해본다.

기대 효과

자기 인식, 변화와 성장에 대한 자발성 회복.

방법

일대일로 짝을 지어 한 사람은 코치가 되고 다른 한 사람은 코치이가 된
다. 혹은 홀로 묻고 마음으로 대답하며 셀프 코칭을 할 수 있다.

1. 개방형, 주장형, 신중형, 고립형 가운데 당신은 어떤 유형에 가까운가요?

2. 앞으로 창문을 어떤 모양으로 바꾸고 싶은가요?

3. 창문의 모양이 달라진다는 것은 당신에게 어떤 의미인가요?

4. 원하는 대로 창문의 모양이 달라지면 당신의 삶에 어떤 변화가 생길까요?

5. 당신이 원하는 상태로 발전하기 위해 무엇을 하면 좋을까요? 스스로에게 반복적으로 질문해보세요.

6. 5번의 활동으로 원하는 목표가 이루어지면 어떤 기분이 들까요? 마음으로 그림을 그리듯 상상해보세요.

7. 5번의 활동 중에 우선적으로 하고 싶은 것 세 가지는 무엇이며, 언제부터 실행할 건가요? 방해 요소는 무엇이며, 그것을 없애려면 어떻게 해야 할까요?

3단계 마음의 짐 내려놓기

우리 안의 수치와 두려움을 직면하고 온몸으로 느낄 수 있을 때 비로소 우리는 자신을 수용할 수 있습니다. 자아와 그림자의 통합은 바로 이 지점에서 시작됩니다. 우리 안의 수치와 두려움을 모두 토해냅니다. 그리고 무의식중에 그 불편한 말과 감정들이 봉인된 까닭을 묻고 또 물어야 합니다. 끝끝내 물러서지 않으면 알게 됩니다. 아무도 당신에게 그런 말을 하지 않았다는 것을. 그 말을 마음속 깊이 간직한 것은 당신 자신이라는 것을요.

자, 이제 당신 안의 그림자를 끌어안으세요. 어쩌면 버려야 할 것일 수도 있습니다. 우리는 날마다 변화하고 성장합니다. 어제의 나는 지금의 내가 아닙니다. 지난날 나를 힘들게 했던 사건과 사람에게 받은 상처를 안고 사느라 지금의 삶을 포기하지 마세요. 우리는 상처를 돌보면서 앞으로 나아갈 수 있습니다. 당신 앞에 놓여 있는 행복을 놓치지 마세요. 그리고 어떤 순간에도 해결책을 생각하세요. '어떡하지'가 아닌 '어떻게 할까? 무슨 방법이 있을까?'라고 물어보세요. 모든 문제에는 해결책이 있습니다.

그림자가 짙으면 짙을수록 상처는 깊고, 상처가 잘 아물어 생긴 무늬는 화려하겠지요. 상처가 무늬로 변하는 과정을 견디고 살아낸 경험은 많은 이에게 도움이 될 것입니다. 이제 당신의 마음에 짐이 되는 그림자를 들여다봅니다.

마음의 짐 내려놓기 코칭 질문

목적
두려워하거나 수치스럽게 생각하는 순간 또는 사건이나 사람에 대해 직면하고, 마음의 짐으로부터 더 이상 영향을 받지 않기 위해 무엇을 해야 하는지 알 수 있다.

기대 효과
자신의 삶에 대한 통찰과 새로운 관점 획득.

방법
아래 질문에 순서대로 답한다. 앞에서 소개한 '의식의 흐름 글쓰기'를 '마음의 짐 내려놓기 글쓰기'로 바꿔서 진행한다. 하나하나 구체적으로 기록한다.

1. 누구에게도 말할 수 없는 나만의 비밀은 무엇인가요?

2. 그 비밀은 살아오는 동안 어떤 영향을 주고 있나요?

3. 그것이 만든 결과는 무엇인가요?

4. 그 비밀을 계속 간직한다면 어떤 일을 경험하게 될까요?

5. 만약 그 비밀이 사라진다면 당신은 어떤 모습이며, 어떤 느낌이 들까요?

6. 5번과 같이 되기 위해 당신이 할 수 있는 것을 모두 적어보세요.

7. 이 코칭을 마치며 어떤 마음이 올라오나요?

4단계 산책하기

목적

고통과 슬픔으로부터 자유로워진다.

기대 효과

깨달음, 통찰, 편안함.

방법

아래 글에서 안내하는 대로 경험해본다.

산책을 하며 흐르는 물과 나무를 가만히 바라봅니다. 잠시 걸음을 멈추고 바라봅니다. 호흡을 깊이 들이쉬고 내쉬면서 물결에 주의를 집중하고 가만히 바라봅니다. 호흡을 깊이 들이쉬고 내쉬면서 나무의 뿌리와 줄기와 잎을 느껴봅니다. 그리고 호흡이 들어오고 나감을 느낍니다.

세상의 모든 것은 멈춰 있지 않습니다. 흐르고, 자라고, 변화합니다. 당신이 마음속에 오랫동안 가지고 있던 상처를 충분히 들여다보고 그때의 고통과 아픔을 느껴봅니다. 그리고 이제 놓아줍니다. 호흡이 들어왔다 나가듯 당신 마음의 고통과 아픔, 그리고 상처도 들어왔다 나갑니다. 깊은 호흡과 함께 놓아줍니다.

이제 다시 산책을 하며 나무를 바라봅니다. 그리고 나무가 살아온 시간을 느껴봅니다. 그 시간 동안 무엇을 경험했을지 느껴봅니다. 흐르는 물을 가만히 바라봅니다. 물이 어디에서 와서 어디로 흘러가는지 가만히 바라봅니다. 그리고 호흡을 들이쉬고 내쉬면서 물과 하나가 됩니다. 당신을 물처럼 흐르게 하세요.

잠시 시선을 돌려 지금 서 있는 곳을 둘러봅니다. 그곳에서 들려오는 새소리, 물소리, 사람들 소리, 하늘과 바람과 나무를 느껴봅니다. 있는 그대로 느껴봅니다. 산책을 마친 후 어떤 통찰이 있었는지 적어봅니다.

모든 것에는 장점과 단점이 있고, 밝은 면과 어두운 면이 공존합니다. 자신이 겉으로 내세우는 밝은 면 뒤의 어두운 면을 수용하고 받아들일 수 있다면, 우리는 다른 이들의 이면에 있는 좋은 모습도 발견할 수 있습니다. 세상은 결코 이분법적으로 나눌 수 없음을 비로소 알게 됩니다. 우리가 가지고 있는 그림자에는 모두 그럴 만한 정당한 이유가 있습니다. 지나온 시간들로 만들어진 그림자를 수용하고 사랑하는 것을 이제는 더 이상 미루지 마세요. 그 누구와도 비교할 수 없는 '나다움'의 황금은 바로 그곳에 있습니다.

3

나다운 변화와 성장을 이끌다
감정과 욕구

욕구는 반드시 충족되어야 합니다.
그래야 본래의 아름다움이 드러날 수 있습니다.

좋아하는 것을
찾고 있나요?

마음성장학교를 통해 20대 청년부터 예순이 넘는 어르신들까지 만나다 보니 나이에 따라 달라지는 삶의 이슈들을 절실히 느낄 수 있습니다. 그런데 나이와 상관없이 공통적인 고민이 하나 있습니다. 바로 이 질문입니다. "내가 뭘 좋아하는지 모르겠어요. 좋아하는 것을 알면 시작할 수 있을 것 같은데, 어떻게 하면 찾을 수 있을까요?"

어린아이들은 좋아하는 것을 아주 쉽게 이야기합니다. 그런데 나이가 들수록 선뜻 말하기가 어려워집니다. 아마도 말과 함께 책임이 따른다는 것을 알고 있기 때문이겠지요.

이번 이야기는 제가 좋아하는 것을 찾아갔던 사례입니다. 좋아하는 일이 무엇인지 잘 모르겠다면 제 이야기가 조금이나마 도움이 되었으면 하는 마음으로 자세하게 써봅니다.

어느 날 문득 '춤을 배우고' 싶었습니다. 저는 대학생 때부터 마흔이 될 때까지 학교 밖 선생님으로 살면서 '교사다움이란 무엇일까'를 깊이 고민하고 스스로가 생각한 좋은 교사의 모습을 구현하며 살았습니다. 머리는 어깨 위에서 찰랑거리는 단정한 단발로 염색은 절대로 하지 않았고, 베이지색과 감색, 검은색 원피스나 투피스에 부드러운 느낌을 주는 카디건을 걸쳤습니다. 누가 보아도 '저 사람은 선생이다' 알아맞힐 수 있어야 한다고 생각했으니까요. 저는 아이들과 있을 때뿐만 아니라 퇴근 후 가족과 함께할 때도, 잠을 잘 때도 아이들 생각만 하고 살았습니다. 덕분에 완전히 일에 몰입해 오랫동안 많은 학생을 지도하는 최우수교사로 살 수 있었습니다.

그런 삶도 나쁘지는 않았지만 돌이켜보면 저는 주어진 하나의 역할이 내 삶의 전부인양, 그런 삶만이 가치 있다고 생각해 부지런하지 않은 사람들을 보면 비난이 올라왔습니다. 그 당시에는 엄마나 아내로서의 삶, 무엇보다 나 자신을 위한 삶보다 사회적으로 인정받는 교사로서의 삶이 좀 더 가치 있고 중요하게 보였습니다.

그러던 중 마음 깊은 곳에서 들리는 소리가 있었습니다. '힘들다, 외롭다, 이제 좀 쉬고 싶다.' 그동안 목표를 정하고, 정해진 목표를 달성하느라 돌보지 못했던 욕구들이 하나하나 말을 걸어왔습니다.

그중 한 목소리가 '춤을 추고 싶다'는 것이었습니다. 동료 선생님들에게 함께하자고 문자를 보냈고, 다섯 명이 모여 백화점 문화센터의 방송댄스 기초강좌에 등록했습니다. 우리는 싸이의 〈강남스타일〉도 배우고, 웨이브, 다이아몬드 스텝, 라인댄스 등 매주 한 시간씩 새로운 춤을 배우며 1년 동안 죽어 있던 몸을 깨웠습니다. 몇 달이 지나면서 저를 비롯해 함께했던 선생님들에게 변화가 생겼습니다. 돌처럼 무덤덤하기만 했던 우리가 어느새 음악을 느끼고 리듬에 맞춰 몸을 움직이고 있었습니다. 늘 아이들만 가르치고 책만 읽던 우리는 몸의 감각이 살아나자 원하는 것이 무엇인지 스스로 찾기 시작했습니다.

'연극을 해보고 싶다'는 또 다른 욕구가 생겼습니다. 그 마음을 가슴에 품고 고민하던 차에 거짓말처럼 한 통의 문자 메시지를 받았습니다. '엄마들의 유쾌한 반란 극단 단원 모집. 선착순 00명.' 선착순이라는 말에 단숨에 전화를 걸었고, 극단 '엄반'의 단원이 되었습니다.

연극에 1년간 참여하면서 나 자신을 다시 한 번 들여다보고 발견하는 시간이 됐습니다. 춤으로 몸이 깨어나고, 연극으로 억눌렸던 감성이 살아나기 시작했습니다. 드디어 공연 오디션을 보는 날, 저는 온 힘을 다해 내 안의 에너지를 발산하며 오디션에 임했습니다. 그동안 교사다운 나, 착하고 순한 나, 언제나 생글거리며 웃기만 하는 나에서 새로운 '나'로 무대에 서고 싶은 간절한 마음이 있었습니다.

연극은 제가 맡은 역할인 '나여진'(잡지사 편집장)이 무대 위에 홀로 나와 "여러분 저의 출간 기념회에 와주셔서 감사합니다"라는 인사말로 끝이 납니다. 그러니까 연극의 스토리 전체가 나여진의 책 이야기라는 설정이었습니다. 무대 위에 서서 마지막 대사를 하는데 울컥 가슴속에서 올라오는 것이 있었습니다. '아, 이제 진짜 내 이야기를 써야겠구나.' 그 후 연극이 '책 쓰기'라는 내면의 욕구를 일깨워 마음의 소리에 따라 책을 쓰기 시작했고, 그렇게 해서 나온 저의 첫 책이 〈생존 독서〉입니다. 이 책을 쓸 때 알았습니다. 춤도 추고, 연극도 하고, 여행도 다녔지만 정말 기쁘게 몰입하며 행복했던 일은 조용히 집에 앉아서 글을 쓰는 것임을요.

출간 이후 저는 강연과 강의를 하며 살고 있습니다. 제가 사람들과 함께하는 것을 좋아하고, 배우고 가르치는 일을 좋아하는 사람임을 다시금 느낄 수 있었습니다. 이전과 다른 점은 그때는 역할, 목표, 성과를 중심으로 일에 대한 인정을 받는 것이 우선이었다면, 지금은 내가 가진 사명과 내적 동기가 중심에 있습니다. 또 깨달은 통찰을 나누며, 함께하는 분들과 건강한 성장을 지속할 수 있도록 안내하는 것이 중요해졌습니다. 다른 누구의 인정보다 내 안의 욕구가 충족되니 이전에 느낄 수 없었던 보람과 행복이 다가왔습니다.

지금 여기, 당신의 마음에서 올라오는 욕구에 귀 기울여보세요. 다소 엉뚱한 것처럼 보여도 다 이유가 있습니다. 스스로를 현실감각이 부족한 대책 없는 사람으로 평가하고 비난하지 마세요. 무엇이든 다 괜찮습니다. 지금 여기, 나에게 필요한 것을 채워주고 느끼며 사는 것이 가장 현실적인 삶 아닐까요. 5년 후, 10년 후도 중요하지만 지금이 없으면 그 미래도 없습니다. 저는 이제 알 수 없는 내일을 위해 오늘을 포기하지 않습니다. 내면에서 하라고 시키는 일을 합니다.

우리의 결핍된 욕구가 충분히 충족되어 편안해지면 많은 것을 바라지 않게 됩니다. 의식이 성장함에 따라 욕구는 나의 필요를 넘어 세상의 필요를 살피는 것으로 확장됩니다. 더 나아가 사람과 동물, 사물과의 연결을 진정으로 느끼게 되면 모든 생명에게 이로운 나의 욕구가 내면 깊은 곳에서 올라옵니다. 우리는 원래 그런 존재입니다.

오늘은 '하고 싶은 일'을 해보세요. 무엇이든 무리하지 않고 스스로 결정하고, 그 결과에 책임을 질 수 있는 것이라면 무엇이든 좋습니다. 오늘 지금, 당신이 좋아하는 것과 만나세요.

화석이 되어버린
감정과 욕구 회복하기

'나다움'을 회복한다는 것은 나의 감정과 욕구를 회복하는 일입니다. 다시 말해 일상에서 나의 감정과 욕구를 인식하고 알아차리며 살 수 있다면 나를 찾는 일은 끝이 납니다. 그때부터는 지금 여기, 나의 감정과 욕구가 느껴지는 대로 살면 됩니다.

어린 나무는 그대로 완전합니다. 하지만 그대로 머무르지 않습니다. 바람과 물과 흙의 도움으로 햇살을 받으며 자연을 거스르지 않고 성장하고 성숙됩니다. 감정과 욕구를 순간순간 알아차리며 사는 우리도 마찬가지입니다. 어리고 미숙할지라도 지금 여기에서는 이미 완전합니다. 시간이 흐름에 따라 꼭 필요한 순간에 필요한 만큼 조금씩 성장하고 성숙될 것입니다. 애쓰지 않아도, 자연스럽게 그렇게 될 것입니다.

감정과 욕구를 회복하는 구체적인 방법은 앞서 소개한 산책, 호흡과 명상, 글쓰기, 오감을 깨워 모든 것을 있는 그대로 느껴보기, 자신의 감정과 욕구를 의도적으로 표현하기 등이 있습니다.

무엇을 느끼고, 어떻게 표현해야 할지 모른다고 너무 걱정하지 마세요. 오랜 시간 사용하지 않은 감정과 욕구는 서툴고 부자연스러운 게 당연합니다. 뭐든 연습이 필요합니다. 당신의 감정을 정직하게 표현하세요. 감정과 욕구에 정답은 없습니다. 당신이 그렇게 느낀다면 그럴 만한 이유가 있는 거니까요.

당신의 내면으로부터 느껴지는 감정과 욕구를 수용하고, 표현하고, 돌볼 때 비로소 내면과의 깊은 연결을 경험하게 됩니다. 오랜 시간 모른 척 외면하고 살았지만, 깊은 내면에서 귀 기울여주기를 애타게 기다리던 당신이 언제나 그 자리에 있었음을 느낄 수 있게 됩니다.

당신이 어떤 상황에서 그와 관련된 감정과 욕구를 느꼈다면 감정의 무게에 따라 일정 기간 보유하며 어떻게 표현할지 생각해봅니다. 타인을 비난하거나 변명하지 않고 정직하게 표현합니다. 애써 괜찮은 척하는 삶으로부터 나와서 당신이 무엇을 느끼든 그대로 해보세요. 감정과 욕구가 살아날 때 당신은 더 아름답고 매력적인 사람이 됩니다. 그건 자신이 가장 먼저 알게 될 것이고, 다른 이들도 그렇게 느끼게 될 겁니다.

다른 사람이 원하는 사람이 되려고 애쓰며 당신의 감정과 욕구를 더 이상 감추고 왜곡하지 마세요. 감정은 들어왔다 나갑니다. 그러나 감정을 날것 그대로 누군가에게 표현하지는 마세요. 나의 감정은 나의 것이지 다른 이들은 아무런 관련이 없으니까요. 감정을 누군가에게 표현할 때는 책임질 수 있는 만큼만 하세요. 당신이 감정의 주인임을 잊지 마세요. 그 감정을 어떻게 보유하고 표현할지, 어디로 흘려보내거나 그 상태를 유지할지는 당신의 선택입니다

감정을 잘 느끼면 욕구가 보입니다

다음 형용사들을 소리 내서 읽어보세요.

"걱정되는, 부끄러운, 멍한, 분노한, 불쾌한, 서운한, 외로운, 우울한, 처참한, 무기력한, 활기 없는, 지루한, 어이없는, 불안한, 억울한, 침울한, 독선적인, 겁나는, 예민한, 답답한."

어떤 느낌이 드나요? 이 형용사들은 모두 우리의 욕구가 충족되지 않았을 때의 감정입니다. 흔히들 이런 감정을 부정적인 혹은 나쁜 감정이라고 생각해 애써 외면하거나 재빨리 떨쳐버리려고 노력합니다. 그러나 이 감정들은 지금 당신에게 무엇이 필요한지 알려주는 신호입니다. 가끔 우리가 화나는 이유는 욕구가 충족되지 않았기 때문입니다. 그 감정이 좋고 나쁜 것이 아니라 그저 뭔가 충족되지 않은 상태라는 겁니다.

다음 형용사들도 감정을 넣어 소리 내서 읽어보세요.

"가벼운, 명랑한, 밝은, 당당한, 즐거운, 편안한, 흥미로운, 감사하는, 고마운, 다정한, 순수한, 평화로운, 용감한, 포근한, 개운한, 고요한, 담담한, 만족스러운, 차분한, 후련한."

어떻게 느껴지나요? 이 단어들은 우리의 욕구가 충족되었을 때 자연스럽게 느끼는 감정입니다. 오랜 시간 욕구를 살피지 않고 참고 살면 주로 부정적인 감정을 자주 느끼고 삶의 열정과 호기심도 사라집니다. 왜 살아야 하는지 회의가 밀려옵니다. 자신의 욕구를 무시하고 주변의 인정에만 반응하며 산 결과입니다. 욕구를 살피는 삶은 평화롭고 아름답습니다. 욕구를 잘 돌보면 평정심을 유지하는 것이 그리 어렵지 않습니다.

현실치료와 선택이론을 개발한 미국의 정신과 의사 윌리엄 글라써 박사는 인간의 욕구를 다섯 가지로 분류했습니다. 생존의 욕구, 사랑과 소속의 욕구, 힘과 성취의 욕구, 자유의 욕구, 즐거움의 욕구. 이 다섯 가지 욕구는 모두 중요합니다. 욕구가 충족되었을 때 우리는 만족스러운 삶을 살고 있다고 느낍니다. 들판을 뛰어다니고, 친구들과 깔깔거리며 놀고 있는 아이들을 보면 욕구가 충족된 인간이 어떤 모습인지 단번에 알 수 있습니다. 감정 형용사들을 소리 내어 다시 한 번 읽어보세요.

"가벼운, 명랑한, 밝은, 당당한, 즐거운, 편안한, 흥미로운, 감사하는, 고마운, 다정한, 순수한, 평화로운, 용감한, 포근한, 개운한, 고요한, 담담한, 만족스러운, 차분한, 후련한."

마음 깊은 곳으로부터 올라오는 자신의 욕구를 깨닫고 그에 친절하게 반응하는 사람만이 느낄 수 있는 감정입니다. 감정과 욕구에 정직해지는 연습을 지속적으로 하면 원하는 것을 선택할 확률이 점점 높아집니다. 자기 자신을 그만큼 잘 알기 때문입니다. 그렇게 매 순간 원하는 것을 선택하고 원하는 일을 하다 보면 삶은 하고 싶은 일들로 채워집니다. 이 모든 것은 우리가 자신을 사랑하고, 삶의 주인으로 살기 시작할 때 가능합니다. 더 이상 시간, 돈, 관계에 끌려다니지 마세요. 스스로 선택하고, 관리하고, 책임지세요. 당신이 선택하고 받아들이기로 인정한 책임의 크기만큼 자유롭습니다.

실제로 욕구를 충족시키지 못하는 사람들을 들여다보면 자신이 원하는 삶이 아닌 누군가를 위한 삶을 살고 있습니다. 결국 그 누구도 원하지 않는 삶을 살고 있는 것입니다.

당신이 행복하지 않다면 그 누구도 행복하지 않습니다. 당신이 우울하면 당신을 사랑하는 사람들이 그 영향을 받습니다. 당신이 원하는 것이 무엇인지 잘 모르겠다면, 작은 수첩이나 노트를 한 권 준비해 좋아하는 것이나 하고 싶은 것을 1번부터 100번까지 적어보세요. 똑같은 것이 반복해서 나와도 괜찮습니다. 그 내용이 사실은 가족을 위한 것이라는 걸 깨달아도 좋습니다. 계속 적으세요. 200번, 300번 정말 원하는 것을 찾을 때까지요.

그리고 하나씩 해보세요. 누구의 도움 없이 할 수 있는 것부터 시작하세요. 그리고 당신의 감정을 느껴보세요. 정말 원하는 거라면 감정이 말해줄 겁니다. 감정을 잘 따라가면, 진정 원하는 욕구와 만나게 될 겁니다. 욕구가 충족되었을 때 어떤 감정인지 직접 느껴보세요.

1단계 '감정 단어' 리스트 활용하기

감정 표현이 어렵나요? '감정 단어' 리스트(118~119쪽)를 보면서 오늘 나의 감정을 묻고 가장 공감이 가는 단어를 찾아보세요. 책을 읽거나 영화를 보고 나서도 주인공의 감정을 찾아보세요. 자녀들이나 동료와 공감하고 싶을 때도 활용해보세요. 무엇보다 자신의 마음을 공감할 수 있을 때, 다른 사람들의 마음도 공감할 수 있습니다. 그러니 자신에게 먼저 공감하세요.

[나를 안아주기]

수고한 나를 안아주고 격려해주세요. 두 팔을 앞으로 내밀고 왼팔을 자연스럽게 내려 배를 감싸세요. 오른팔은 왼쪽 어깨 아래 팔뚝을 감싸세요. 따뜻하고 부드러운 촉감을 있는 그대로 느껴보세요. 우리는 자신을 안아주고 위로할 수 있습니다. 그리고 오늘도 수고한 나에게 이렇게 말해봅니다.

"에구, 오늘도 애썼네."
"그만하면 잘한 거야."

"속상했구나."

"억울했겠다."

"괜찮아, 다 괜찮아. 네 옆에 언제나 내가 있잖아."

"잘 견디고, 잘 해냈어."

"○○아, 사랑해."

지금, 당신에게 필요한 공감의 말은 무엇인가요? 마음 깊은 곳에서 느껴지는 감정이 있다면 표현해봅니다.

공감의 말을 떠올리고 쓰면서 눈물이 난다면 그 말은 그토록 당신이 듣고 싶었던 말입니다. 감정이 존중될 때 자아도 존중받는다고 느낍니다. 감정이 존중될 때 자신이 소중한 사람이라 느낍니다. 감정이 존중될 때 자존감이 회복됩니다.

상황	감정 단어
욕구 충족 시 감정	**즐거움** 가벼운, 가쁜한, 경쾌한, 기분 좋은, 끌리는, 명랑한, 반가운, 밝은, 산뜻한, 상쾌한, 상큼한, 신나는, 유쾌한, 당당한, 재미있는, 즐거운, 쾌활한, 편안한, 홀가분한, 확신 있는, 활기찬, 활발한, 흐뭇한, 흥미로운, 희망찬
	사랑 감미로운, 감사하는, 고마운, 그리운, 다정한, 따뜻한, 따사로운, 뿌듯한, 사랑하는, 사랑스러운, 상냥한, 순수한, 애틋한, 열렬한, 열망하는, 정겨운, 친근한, 친숙한, 포근한, 푸근한, 호감이 가는, 훈훈한, 화끈거리는, 흡족한
	기쁨 감격스러운, 감동적인, 감사한, 고마운, 고무적인, 기쁜, 기대에 부푼, 기력이 넘치는, 기운 나는, 낙천적인, 놀라운, 눈물겨운, 당당한, 두근거리는, 든든한, 들뜬, 만족스러운, 뭉클한, 반가운, 벅찬, 뿌듯한, 살아 있는, 살맛 나는, 생기 있는, 시원한, 신나는, 싱그러운, 영감을 받은, 완전한, 원기 왕성한, 좋은, 짜릿한, 충만한, 쾌적한, 통쾌한, 포근한, 행복한, 환상적인, 황홀한, 후련한, 흥분한, 환희에 찬
	자신감 강한, 신념 있는, 숙련된, 열정 있는, 유능한, 용감한, 용기 있는, 의욕을 가진, 자부심 있는, 적합한, 준비가 된, 차분한, 침착한, 틀림없는, 할 수 있는, 확실한, 확신하는
	안정감 가벼운, 개운한, 고요한, 긴장이 풀리는, 누그러지는, 느긋한, 담담한, 든든한, 만족스러운, 산뜻한, 뿌듯한, 안심이 되는, 여유로운, 잠잠해진, 진정하는, 친근한, 친밀한, 차분한, 편안한, 평온한, 평화로운, 후련한, 흐뭇한, 홀가분한, 흡족한

상황	감정 단어

노여움 가혹한, 격분한, 고통스러운, 골치 아픈, 괘씸한, 괴로운, 기분 상하는, 꼴사나운, 끓어오르는, 나쁜, 노한, 독선적인, 떫은, 모욕적인, 무서운, 배반감, 복수심, 분개한, 분노하는, 불만스러운, 불쾌한, 섬뜩한, 성난, 소름 끼치는, 신경질 나는, 속상한, 숨 막히는, 실망한, 쓰라린, 씁쓸한, 약오르는, 어지러운, 억울한, 울화가 치미는, 짜증 난, 핏대 서는, 화난

미움 고통스러운, 괴로운, 귀찮은, 근심스러운, 기피하고 싶은, 끔찍한, 몸서리치는, 무정한, 미운, 부담스러운, 서운한, 싫은, 쌀쌀한, 야속한, 얄미운, 억울한, 원망스러운, 정떨어지는, 죄스러운, 증오스러운, 질린, 지겨운, 짜증스러운, 차가운, 혐오스러운, 황량한

슬픔 가슴 아픈, 걱정되는, 고단한, 고독한, 고민스러운, 공포에 질린, 공허한, 괴로운, 근심되는, 기분 나쁜, 두려운, 마음이 무거운, 멍한, 미어지는, 부끄러운, 불쌍한, 불안한, 불편한, 불행한, 비참한, 서글픈, 서러운, 섭섭한, 속 썩는, 슬픈, 실망한, 싫어하는, 쓰라린, 쓸쓸한, 아린, 아쉬운, 안타까운, 암담한, 애석한, 애처로운, 애태우는, 애통한, 어지러운, 언짢은, 염려하는, 외로운, 우울한, 음침한, 의기소침한, 절망하는, 좌절하는, 지루한, 착잡한, 허탈한, 허한, 황량한, 후회스러운

욕구 불충족 시 감정

지침 고단한, 노곤한, 게으른, 기진맥진한, 냉담한, 낙담한, 따분한, 생기 없는, 성급한, 소극적인, 심심한, 무감각한, 무기력한, 우울한, 졸리는, 지겨운, 지루한, 좌절한, 초조한, 늘어진, 침울한, 힘든, 형식적인, 활기 없는

놀람 기만하는, 난감한, 난처한, 놀란, 멍한, 말문이 막힌, 무안한, 민망한, 부끄러운, 속은, 어이없는, 어리둥절한, 창피한, 충격받은, 혼란스러운

무서움 간담이 서늘해지는, 겁먹은, 겁나는, 걱정하는, 경악한, 곤란한, 공포스러운, 긴장한, 두려운, 떨리는, 불안한, 섬뜩한, 소심한, 신경질적인, 안절부절못한, 예민한, 오싹한, 우려하는, 의심스러운, 위협받는, 조마조마한, 주눅 든, 진땀 나는, 초조한

이 검사는 윌리엄 글라써 박사의 욕구 강도 질문지입니다. 객관적인 정답은 없습니다. 자신의 욕구 강도를 잘 이해할수록 타인의 욕구도 더 잘 이해할 수 있습니다. 우리는 모두 다른 욕구 강도를 가지고 있고 삶을 대하는 태도가 다르기 때문에 말과 행동도 다를 수밖에 없습니다. 각각의 항목을 읽어보고 해당되는 번호에 체크합니다.

생존의 욕구	1. 전혀 그렇지 않다. 2. 별로 그렇지 않다. 3. 때때로 그렇다. 4. 자주 그렇다. 5. 항상 그렇다.
1 돈이나 물건을 절약한다.	1 2 3 4 5
2 돈으로 살 수 있는 것에 각별한 만족을 느낀다.	1 2 3 4 5
3 자신의 건강 유지에 관심이 많다.	1 2 3 4 5
4 균형 잡힌 식생활을 하려고 노력한다.	1 2 3 4 5
5 성(性)적인 관심이 많다.	1 2 3 4 5
6 매사에 보수적인 편이다.	1 2 3 4 5
7 안정된 미래를 위해 저축을 하거나 투자한다.	1 2 3 4 5
8 부득이한 경우가 아니면 모험을 피하고 싶다.	1 2 3 4 5
9 외모를 단정하게 가꾸는 데 관심이 있다.	1 2 3 4 5
10 쓸 수 있는 물건은 버리지 않고 간직한다.	1 2 3 4 5

사랑과 소속의 욕구

1 나는 사랑과 친근감을 많이 필요로 한다.   1 2 3 4 5

2 다른 사람의 복지에 관심이 많다.   1 2 3 4 5

3 타인을 위한 일에 시간을 낸다.   1 2 3 4 5

4 장거리 여행을 할 때 옆 사람에게 말을 건다.   1 2 3 4 5

5 사람들과 함께 있는 것을 좋아한다.   1 2 3 4 5

6 아는 사람과는 가깝고 친밀하게 지낸다.   1 2 3 4 5

7 타인이 나에게 관심을 가져주길 바란다.   1 2 3 4 5

8 다른 사람들에게 친절하게 대한다.   1 2 3 4 5

9 타인이 나의 모든 것을 좋아해주기 바란다.   1 2 3 4 5

10 교회, 성당, 절 등에 나가는 것을 좋아한다.   1 2 3 4 5

힘과 성취의 욕구

1 내가 하는 가사나 직업에 대해 사람들에게 인정받고 싶다.   1 2 3 4 5

2 다른 사람에게 충고나 조언을 잘한다.   1 2 3 4 5

3 다른 사람에게 무엇을 하라고 잘 지시하는 편이다.   1 2 3 4 5

4 경제적으로 남보다 잘살고 싶다.   1 2 3 4 5

5 사람들에게 칭찬 듣는 것을 좋아한다.   1 2 3 4 5

6 내 밑에서 일하는 사람이 문제가 있을 때 쉽게 해고한다.   1 2 3 4 5

7 어떤 집단에서든 지도자가 되고 싶다.   1 2 3 4 5

8 자신을 가치 있는 인간이라고 느낀다.   1 2 3 4 5

9 내 성취와 재능을 자랑스럽게 여긴다.   1 2 3 4 5

10 다른 사람과의 경쟁에서 이기고 싶어 한다.   1 2 3 4 5

자유의 욕구

1. 전혀 그렇지 않다. 2. 별로 그렇지 않다.
3. 때때로 그렇다. 4. 자주 그렇다. 5. 항상 그렇다.

1 사람들이 내게 어떻게 하라고 지시하는 것이 싫다.   1 2 3 4 5

2 내가 원하지 않는 일을 하라고 하면 하기 어렵다.   1 2 3 4 5

3 다른 사람에게 어떻게 살아야 한다고 강요하면 안 된다고 믿는다.   1 2 3 4 5

4 누구나 다 인생을 살고 싶은 대로 살 권리가 있다고 믿는다.   1 2 3 4 5

5 인간의 자유로운 선택 능력을 믿는다.   1 2 3 4 5

6 내가 하고 싶은 일을 하고 싶을 때 해야 한다.   1 2 3 4 5

7 누가 뭐라 해도 내 방식대로 살고 싶다.   1 2 3 4 5

8 인간은 모두 자유롭다고 믿는다.   1 2 3 4 5

9 타인의 자유를 구속하고 싶은 생각은 없다.   1 2 3 4 5

10 나는 열린 마음을 지니고 있다고 믿는다.　　　　　1 2 3 4 5

1　큰 소리로 웃기 좋아한다.　　　　　　　　　　　1 2 3 4 5

2　유머를 사용하거나 돕는 것이 즐겁다.　　　　　　1 2 3 4 5

3　나 자신에 대해서도 웃을 때가 있다.　　　　　　　1 2 3 4 5

4　뭐든지 유익하고 새로운 것을 배우는 것이 즐겁다.　1 2 3 4 5

5　흥미로운 게임이나 놀이를 좋아한다.　　　　　　　1 2 3 4 5

6　여행을 좋아한다.　　　　　　　　　　　　　　　1 2 3 4 5

7　독서를 좋아한다.　　　　　　　　　　　　　　　1 2 3 4 5

8　영화 보기를 좋아한다.　　　　　　　　　　　　　1 2 3 4 5

9　음악 감상을 좋아한다.　　　　　　　　　　　　　1 2 3 4 5

10 새로운 방식으로 일하거나 생각하는 것이 즐겁다.　1 2 3 4 5

결과 순위표	점수	순위
생존의 욕구		
사랑과 소속의 욕구		

힘과 성취의 욕구		
자유의 욕구		
즐거움의 욕구		

(출처 : 〈결혼의 기술〉, 윌리엄 글라써 지음, 우애령 옮김, 하늘재, 2013)

각 항목별 점수를 합한 후 어떤 욕구가 강한지 순위를 매겨보세요. 이 검사는 정직하고 진실되게 하지 않으면 신뢰도가 떨어집니다. 점수가 높을수록 해당되는 욕구가 높고, 그 욕구는 선천적인 욕구라고 할 수 있습니다. 그러나 각 욕구가 대부분 30점 이하로 나온 경우 삶이 무기력해진 상태로 의욕적인 삶을 선택할 필요가 있습니다. 또 모든 욕구가 40점 이상일 때는 어떤 부분을 줄여야 안정과 평화를 찾을 수 있는지 살펴보아야 합니다. 두 욕구가 상충될 경우 갈등을 겪을 수도 있습니다.

3단계 욕구 강도 코칭 질문

목적

욕구 강도 질문지에서 가장 충족되어야 할 욕구와 존중되어야 할 욕구를 알아보고, 행복해지는 방법에 대해 생각한 것을 실천하도록 한다.

기대 효과

자기 인식, 변화를 위한 구체적인 방법 통찰.

방법

일대일로 짝을 지어 한 사람은 코치가 되고 다른 한 사람은 코치이가 된다. 혹은 홀로 묻고 마음으로 대답하며 셀프 코칭을 할 수 있다.

1. 검사 결과 당신에게 가장 중요한 욕구는 무엇이며, 그 욕구와 관련해 당신이 경험한 구체적인 사례는 무엇인가요?

2. 최근 몇 달 동안 당신은 주로 언제 스트레스를 받았나요? 당신의 욕구와 어떤 관련이 있다고 생각하나요?

3. 점수가 높은 항목들 중 현재 존중받지 못하고 있는 욕구는 무엇이며, 그렇게 생각하는 이유는 무엇인가요?

4. 욕구를 충족하기 위해 당신이 할 수 있는 일은 무엇인가요?(스스로 선택해서 할 수 있는 일에 대해 여러 번 묻고, 마음에서 올라오는 답을 찾아봅니다.) 그리고 앞으로 더 존중해야 할 욕구는 무엇이라고 생각하나요?

5. 욕구 강도를 알아보고 대화를 나누면서 어떤 마음이 올라왔나요?

우리의 욕구가 보내는 신호를 알아차리면 나와 타인의 욕구를 보다 정확하게 이해할 수 있습니다. 겉으로 보이는 부정적인 감정 표현이 아닌, 숨은 욕구를 찾는 연습으로 좀 더 긍정적인 원래의 욕구를 알 수 있습니다. 그리고 서로의 진심과 만날 수 있고, 자신과 타인을 위해 효과적인 선택을 할 수 있게 됩니다.

방법

홀로 혹은 일대일로 짝을 지어 코치와 코치이가 되어 질문을 주고받는다. 어떤 형식에 맞추기보다 느껴지는 그대로를 표현한다.

1. 당신은 최근에 어떤 일로 마음이 상했나요?

예) 이제 갓 취직한 아들이 자신의 성장을 위해 시간이 필요하니, 앞으로는 특별한 날에만 집에 오겠다고 통보했다. 자주 오지 않는다고 하니까 화가 났다.

2. 당신의 마음이 상한 이유는 무엇인가요?

예) 일방적으로 통보했기 때문이다.

3. 당신의 어떤 기대가 무너졌나요?(그 당시에는 기대를 하지 않았다고 해도 지금 마음이 상한 상태에서 생각했을 때 그때 당신이 했을 그 기대를 느껴보세요. 아무것도 기대하지 않으면 실망하거나 마음이 상하지 않습니다.)

예) 엄마로서 아들의 성장에 도움을 주고 함께할 수 있기를 바라는 마음과 아직은 좀 더 자주 보며 챙겨주고 싶은 마음이 있었는데 그 기대가 무너졌다.

4. 당신에게는 어떤 긍정적인 욕구가 있나요? 그 욕구를 담아 마음을 표현해보세요.

예) 나는 아들의 성장에 도움을 주고 함께할 수 있기를 바랐는데, 아들은 혼자 있는 시간에 더 의미를 둔다는 것을 알고 실망했다.

5. 이 연습을 하면서 깨달은 것이나 알게 된 것은 무엇인가요?

예) 내가 진짜 화가 난 이유는 아들이 자주 오지 않는다는 사실도, 일방적으로 통보한 것도 아니고, 이제는 아들이 의지하고 함께 의논할 대상이 아니라는 사실을 받아들여야 한다는 점이다. 그리고 어느새 아들이 혼자 자기 삶을 꾸려나갈 나이가 되었다는 것을 깨달았다.

[욕구가 보내는 신호 알아차리기 프로세스]

스텝 1 내가 지금 기분이 상한 이유가 뭐지?

스텝 2 어떤 기대가 무너진 거지?

스텝 3 내 안에는 어떤 긍정적인 욕구가 있었던 거지?

스텝 4 아하, 그랬구나!

모든 행동에는 그럴 만한 이유가 있습니다. 결과가 좋지 않았다 해도 그렇게 행동할 당시의 긍정적 욕구가 있습니다. 어떤 욕구를 충족시키기 위해 그런 행동을 했는지 알지 못할 때, 욕구가 좌절되면서 느껴지는 감정은 상대방을 향한 비난으로 표현되며 반복됩니다.

여기서 반드시 기억해야 할 것은 모든 선하고 악한 행동의 시작은 궁극적으로 다른 사람을 위한 것이 아니라 자신의 욕구에 의한 것이라는 점입니다. 자신의 진정한 욕구를 알게 되면 타인을 향한 비난도 원망도 멈춥니다.

5단계 만 원의 행복 프로젝트 실천하기

한 주 동안 당신의 욕구를 충족시킬 '만 원의 행복' 프로젝트를 실천해보세요. 평소 쉽게 쓸 수 있는 만 원이지만 자신의 욕구를 충분히 살펴서 꼭 필요한 것을, 필요한 순간에 자신에게 선물해보세요. 욕구가 충족된다는 것이 무엇인지 온전히 경험하게 될 것입니다.

습관적으로 선택하던 것에서 벗어나 의도적으로 선택하고 느껴보세요. 5백 원 차이로 늘 아메리카노를 마셨다면, 오늘 지금 여기 당신의 기분과 어울리는 다른 선택을 해보세요. 그 선택이 결국 같다고 해도 언제나 더 좋은 선택을 위한 밑거름이 됨을 기억하세요. 이 프로젝트를 진행하며 많은 사람이 진정 가치 있게 생각하는 것이 무엇인지 깨닫게 되었고 삶의 변화를 경험했습니다. 매일매일 선택의 기회가 주어졌을 때, 가만히 심호흡을 하면서 욕구를 살핀 후 진정으로 원하는 선택을 해보길 권합니다.

4

·4주·

내면의 감정과 일치하는 대화
의사소통 방식

누군가의 말과 행동에 반응하는 의사소통 방식에서 벗어나
상대의 감정과 신념, 욕구와 존재까지
알 수 있는 소통은 '느끼기'로부터 시작됩니다.
반응하지 말고 가만히 느껴보세요.

희생자의 대화를
하고 있는 나

　　　기억에서 지워버린 시간들이 있습니다. 저는 유난
히도 조숙한 아이였습니다. 우리 가족이 살아가는 모습은 행복한
가정과는 거리가 있었습니다. 친구들 집에 놀러 가서 텔레비전에서
만 보던 피아노와 침대, 소파가 있는 집이 실제로 있다는 것을 알게
된 후 구멍가게에 딸린 방에서 살고 있는 우리 가족이 부끄럽게 느
껴졌습니다. 친구를 사귈 때도 일부러 먼 곳에 사는 아이들과 어울
렸습니다. 우리 집과 나에 대한 것을 다른 사람들에게 말하는 것도
싫었습니다.

　　저는 늘 책을 가지고 다녔습니다. 고등학교 때는 대학생인 언니
가 읽던 책들을 가지고 다니며, 또래 친구들은 알지 못하는 김지하

나 정호승, 김광규, 기형도 시인의 시집을 읽기도 했습니다. 내면의 열등감을 감추기 위해 잘난 척하는 아이로 살았습니다. 늘 그룹에서 한 발쯤 떨어져 걸었습니다. 외로움을 감추고 겉모습은 캔디처럼 앤처럼 웃으며 살았습니다. 내면에서 들리는 소리보다 사람들의 평가와 인정을 더 중요하게 생각했습니다.

괴로워도 슬퍼도 나는 안 울어. 참고 참고 또 참지, 울긴 왜 울어. 웃으면서 달려보자 푸른 들을. 푸른 하늘 바라보며 노래하자. 내 이름은 내 이름은 내 이름은 캔디. 나 혼자 있으면 어쩐지 쓸쓸해지지만 그럴 땐 얘기를 나누자, 거울 속의 나하고. 웃어라, 웃어라, 웃어라, 캔디야. 울면 바보다. 캔디, 캔디야.

애니메이션 〈캔디〉의 주제가는 힘든 순간마다 친구가 돼주었습니다. 그런데 자세히 들여다보면 좀 이상합니다. 괴롭고 슬플 땐 울어야 하는데 캔디는 참습니다. 그리고 울면 바보이니 웃으라고 다 그칩니다. 이렇게 살면 마음은 바위가 됩니다. 어떤 감정도 느낄 수 없는 상태, 얼굴에는 가면처럼 각인된 웃음만 남습니다. 그래서 괴롭고 슬픈 일을 말할 때조차 웃으며 이야기합니다. 주변을 둘러보면 상황과 그 사람의 감정 표현이 일치하지 않거나 왜곡된 경우를 쉽게 발견할 수 있습니다. 분명 고통스러운 이야기를 전하면서도 다른 이들의 눈치를 살피고 괜찮다며 웃어버리는 사람들, 혹은 무덤덤하게 이야기하며 아무렇지 않은 척하는 사람들, 이도 저도 아닌 이야기를 섞어가며 자신의 진심을 가려버리는 사람들을 봅니다. 이 모습은 모두 과거의 제 모습이기도 합니다.

낮은 자존감을 감추며 살아가다 보면 스스로 가치 없는 사람이라는 생각에 내면의 소리를 믿을 수 없습니다. 그래서 타인의 평가나 가치에 맞춰 살기 위해 애씁니다. 저 역시 그랬습니다. 다른 이들의 평가에 민감하게 반응하며 눈치 보며 살았습니다. 사람들 앞에 서면 늘 긴장되었고, 손바닥에 식은땀이 흥건했습니다. 결혼을 하고 나서도 남편과의 갈등 상황이 되면 단 한 번도 의견을 주장하지 못했습니다. 내면 깊은 곳에서 내가 나를 무시하고, 가치 없는 존재, 사랑받지 못할 존재, 매력이 없는 존재라고 믿었기 때문입니다.

공부를 하던 중 버지니아 사티어라는 심리학자를 만났습니다. 그녀의 삶 전체가 저에게 다가온다는 느낌이었습니다. 사티어의 '빙산의사소통'을 공부하면서 단번에 나의 상태를 깨달을 수 있었던 것은 직관적으로 제시된 몇 장의 그림 덕분이었습니다. 당신이 갈등 상황에서 주로 어떤 행동을 취하는지 생각해보세요.

자신을 객관적으로 인식하는 것은 중요합니다. 좋은 통찰은 자신도 모르게 탄성이 나오며 깨닫게 됩니다. 자신이 얼마나 어처구니 없는 신념을 가지고 살았는지 웃음이 나오기도 합니다. 깨달음에는 눈물도 함께합니다. 저 역시 많이 울었습니다. 내가 나를 무시하고 존중하지 못했다는 것, 그리고 무의식중에 가족을 무시하며 살았다는 것을 마음 깊이 받아들이며 '용서하기' 작업을 했습니다.

　계속 누군가를 탓하고 비난하면 삶에서 변화시킬 수 있는 게 아무것도 없습니다. 그 순간 우리는 희생자의 삶을 살게 됩니다. 그리고 자신이 생각하는 희생자의 모습을 구현해냅니다. 놀랍지만 사실입니다. 당신이 지금 누군가를 비난하고 있다면, 그래서 마음이 힘들고 사는 게 힘들다면, 제일 먼저 비난을 멈추기를 권합니다.

생존 방식, 방어기제로부터 자유롭기

　　우리 집에는 강아지 '보리'가 있습니다. 보리는 '시추'라는 종인데, 시추는 피부가 약해 늘 피부병을 달고 삽니다. 키우기 까다롭습니다. 아무 데나 배변을 합니다. 아무리 가르쳐도 잘 되지 않는데 오히려 보리가 저를 훈련시킨다는 생각이 들 때가 많습니다. 목욕과 산책도 자주 해줘야 하고, 병원도 정기적으로 가고, 미용도 시켜줍니다. 한마디로 손이 많이 갑니다. 이 번거롭고 힘든 일이 저는 아무렇지 않습니다. 늘 행복한 얼굴로 기꺼이 합니다. 보리가 아주 귀엽기 때문입니다. 이유는 단지 그것 하나입니다.

　보리와 같은 반려견들이 선택한 생존 방식은 주인이 꼼짝 못할 정도의 애교입니다. 정말 친절하고 멋진 생존 방식입니다. 몇 초의 귀여움으로 주인을 행복하게 하고, 자기가 원하는 것을 얻으니까요. 보리의 방어기제는 주로 혀를 조금 내밀고 바라보기, 배를 보여주며 드러눕기, 가까이 다가와서 기대앉기 등 온몸으로 '나는 연약해요, 나를 사랑해주세요'라고 말합니다. 자신의 상황과 느낌을 그대로 표현합니다.

　반면 사람들의 방어기제는 조금 다릅니다. 물론 방어기제는 위험 상황을 심리적으로 잘 넘길 수 있게 도와주기도 합니다. 힘든 경험을 한 사람들이 그때의 감정이나 기억을 무의식 저편에 추방시키고 아무렇지 않게 살아갈 수 있는 것은 바로 '억압'이라는 방어기제 덕분입니다. 그러나 어떤 사람의 방어기제가 지나치게 배타적이거나 나이와 상황에 맞지 않게 반복된다면 자신의 삶뿐 아니라 주변인들까지 힘들게 할 수 있습니다. 몇 가지 예를 들어보겠습니다.

　어릴 적 집 안이 어수선하고 살림살이가 정리되지 않은 환경에서 자란 사람이 자신의 집은 머리카락 하나 보이지 않을 정도로 깨끗하게 정돈하며 삽니다. 스스로 깨끗한 사람임을 드러내려다 보니 자신도 가족도 힘이 듭니다. 또 부모로부터 올바른 훈육을 받지 못한 사람이 자신의 부모를 비난하며 그와는 정반대로 자녀를 훈육하는 데 모든 것을 바칩니다. 부모를 미워하면서 반대로 행하는 것 같으나 자녀가 느끼는 감정적인 결과는 크게 다르지 않습니다.

두 사례는 내면에서 '나는 절대로 ~하지 않을 거야'라고 생각하며 자신이 견디기 어려웠던 상황과 사람에 대한 '반동' 행동을 하고 있으나 그들의 내면은 여전히 과거에 고착되어 있는 모습을 보여줍니다. 미워하면서 닮는다는 말이 있습니다. 바로 이런 경우를 두고 하는 말입니다. 우리가 어떤 것을 두려워하고 미워하면 계속 주의를 두게 됩니다. 우리의 마음과 의식과 무의식이 그것을 생각합니다. 결국 그 두려워하는 것이 이루어집니다.

또 자신의 잘못을 스스로 감당하고 책임질 수 없을 때 다른 사람의 탓으로 돌리며 오히려 타인을 비난하고 가혹한 판단을 합니다. 이것은 '투사'라는 방어기제입니다. 이런 행동이 무의식중에 습관적으로 일어난다면 자신을 정직하게 보지 못하고, 타인을 편안하게 대하기도 어려워집니다. 자신을 지키기 위해 과장하고, 다른 이를 비방하고 탓하는 데 너무 많은 에너지를 쓰기 때문입니다.

이와는 반대로 다른 사람에 대한 비난과 불편한 감정을 수용하고 표현하기보다는 그 사람의 패턴을 자신의 것으로 '내면화'하는 경우도 있습니다. 부모에게 지나치게 미움을 받거나 폭력적인 양육을 경험한 경우 부모를 미워하는 감정을 수용할 수 없어 오히려 자신을 미워하는 경우입니다.

이밖에도 사람들은 자기를 지키기 위해 다양한 방어기제를 사용합니다. 이 방어기제들의 공통점은 자연스럽지 않다는 것입니다. 있는 그대로 느끼고 생각한 것이 아닌 '생각하는 어떤 것'을 만들어냅니다. 그리고 반복적으로 사용합니다. 방어기제가 많으면 '나'로 살지 못합니다. 편안한 나를 만나고 싶다면 누군가와 이야기할 때의 자신을 잘 관찰해보세요. 특별히 민감한 반응이 일어날 때는 언제인지, 그 이야기의 주제는 무엇인지, 나의 반응은 어땠는지 관찰해보세요. 그리고 일정 기간 동안 여러 사례를 기록하고 공통점을 찾아보세요. 그것이 바로 우리가 보듬어야 할 부분이기 때문입니다.

제가 어린 시절에 만들고 규정지었던 수치심에서 벗어날 수 있었던 것은 그로 인한 방어기제를 알아차리고 나서부터입니다. 관계 안에서 감정과 행동이 일치하는 정직한 의사소통이 아닌 불필요한 방어기제가 작동하는 순간, 조절하고 변화를 시작할 수 있었습니다. 원치 않는 것을 발견했다면 직면하고 지금 변화를 시작하면 됩니다.

언제 어디서든, 누구와 함께 있든 상관없이 내면의 감정과 외부로 표현되는 감정이 일치하는 의사소통을 하게 되면 삶의 두려움으로부터 벗어날 수 있습니다. 이 힘은 자신이 내면과 일치된 정직한 사람이라 믿는 데서 나옵니다. 당신이 느껴지는 그대로를 표현하세요. 그래도 괜찮습니다.

자존감이 높은 사람의 대화 모델

경청과 소통을 다룬 책과 강의가 정말 많습니다. 그만큼 우리가 의사소통에 어려움을 겪고 있다는 반증이기도 하고, 중요한 삶의 기술이기 때문이겠지요. 그런데 강의를 듣고 책을 읽어도 실질적인 변화를 이루는 데는 어려움이 있습니다. 의사소통은 지식으로 배우는 것이 아니기 때문입니다. 실제로 갖고 있는 감정과 욕구를 언행으로 일치시키는 것은 쉽지 않습니다. 자기 자신과 타인을 존중하고, 상황을 고려하며 말하는 것을 들어본 적도 배워본 적도 없으니 더욱 그렇습니다. 의사소통은 부모로부터 가장 많은 영향을 받으며, 또는 그 사회의 의사소통 방식을 통해 자연스럽게 배웁니다.

저는 자라면서 감정을 솔직하게 대화로 주고받고 마음을 보여주며 도움을 받은 적도, 타인과 깊은 연결을 경험한 적도 없습니다. 부모님은 생계로 늘 바빴고, 학교에서는 지시와 복종하는 방식의 대화뿐이었습니다. 사랑을 할 때도 내 안의 수치심을 감추기 위해 솔직하게 표현하지 못했습니다. 마음공부를 하면서 사람은 의식 수준에 따라 말의 내용만 다른 것이 아니라 말하는 방식도 다르다는 것을 알게 되었습니다.

자존감이 낮은 사람은 자신의 가치를 낮게 평가합니다. 그래서 자신의 생각을 가치 없다 느낍니다. 이들은 다른 이들의 평가를 받으면 쉽게 위협당하고 좌절감과 수치심, 분노를 느끼지만 이러한 감정을 솔직하고 정직하게 표현하지 못합니다. 이들은 위협을 느낄수록 자신을 보호하기 위해 내면의 감정을 왜곡하고 감추는 방식을 선택합니다.

버지니아 사티어는 이러한 의사소통 방식을 '역기능적 의사소통'이라 명하고 '회유형' '비난형' '산만형' '초이성형'으로 분류했습니다. 이와는 반대로 자신과 타인, 그리고 상황을 고려해 내면의 감정과 일치된 대화를 하는 기능적 의사소통을 '일치형'이라 했습니다.

일치형은 의사소통의 대처 방식이기도 하면서 동시에 전인성을 이룬 인간의 존재 양식이기도 합니다. 이들은 자신의 개성과 독특함을 인정하고 지나친 방어를 하지 않습니다. 자신과 타인을 사랑하고 신뢰하며 수용합니다. 왜곡되지 않은 편안함이 자연스레 나오기 때문에 자신의 자원을 잘 활용할 수 있을 뿐 아니라 상처받는 것을 두려워하지 않고, 삶이 주는 모험을 즐기며 다른 이들과 친밀한 관계를 유지합니다.

그들은 자신의 부족함을 수용하고, 모든 상황을 인정합니다. 버지니아 사티어는 각각의 유형이 우리가 부모로부터 배운 방식이라고 말합니다. 비난형이나 회유형의 부모 밑에서 자란 자녀는 부모의 의사소통 방식을 그대로 모방합니다. 또한 산만하거나 무관심한 부모 밑에서 자란 경우 감정적인 돌봄을 경험하지 못했기에 성장한 후로도 혼란과 불안을 견디지 못합니다. 또 초이성형의 경우는 자신의 상황과 감정을 무시해버리거나 감정적으로 무반응을 보이고, 이성적이고 차분한 태도를 보이며 냉정하게 말합니다. 그러나 실상 그 생각은 자기 것이 아닌 어떤 이론이나 자료로 말하는 경우가 많습니다.

자신이나 주변 사람들의 의사소통 방식을 관찰해보면 그들이 어떤 유형으로 말하는지 쉽게 알 수 있습니다. 각 유형은 부정적인 면만 갖고 있지 않습니다. 비난형은 자기주장을 잘하고, 회유형은 다른 이를 배려하고, 초이성형은 지적이며, 산만형은 즐거움과 창의성과 자발성을 가지고 있습니다. 이러한 자원을 잘 활용하면 좋겠지요. 그러나 전인적인 성장을 이룬 자유롭고 편안한 의사소통을 위해 일치형 대화 모델 훈련이 필요합니다. 회유형은 자신의 욕구와 감정을 잘 돌볼 수 있도록 노력하고, 비난형은 타인을 배려하는 연습과 함께 자신과 타인에 대한 왜곡된 신념을 수정하는 작업이 필요합니다. 초이성형은 자신과 타인을 배려하고 인정할 줄 아는 마음을 갖도록 공감 훈련을 하고, 산만형은 자신과 타인, 현실을 인식할 수 있는 능력을 키워야 합니다.

1단계 사티어 빙산의사소통 유형별 특징 및 성장 방법

우리는 대상이나 상황에 따라 다른 의사소통을 사용할 수 있습니다. 여러분이 갈등 상황이 되었을 때 주로 어떤 유형인지 주목해 관찰하시기 바랍니다. 각각의 대화 유형은 불안정한 상황에서 살아남기 위한 우리의 생존 방식에 의해 고착화된 유형입니다. 불일치적 의사소통(타인과 상황과 조화를 이루지 못하는 의사소통)을 반복적으로 사용해 관계를 그르칠 때는 자신의 의사소통 방식을 변화시키도록 노력해야 합니다.

다음 설명을 읽고 자신에게 해당하는 유형을 찾아보세요.

[회유형]

회유형은 자기를 포기하고 상대방에게 자신을 맞추면서 원하는 것을 얻고자 합니다. 사과하거나 간청하는 모습을 보이며 지나치게 상냥한 태도를 보입니다. 이들의 내면을 들여다보면 "내가 이렇게 하면 당신은 나를 좋아할 것이고, 나를 버리지 않을 것이고, 나를 괜찮은 사람이라고 인정할 거야"라는 기대를 갖고 있습니다. 늘 배려하고 양보하다 보니 심리적으로 침울하고 화를 잘 내며, 불안하고 자살 충동을 느끼기도 합니다. 이들이 변화하기 위해서는 자신의 욕구와 감정을 인식하고 주장하는 훈련과 더불어 책임지는 연습을 하는 것이 좋습니다.

[비난형]

비난형은 자신이 우월하다는 것을 보여주기 위해 타인의 말과 행동을 무시하고 비난합니다. 이들의 특징은 탓하기, 소리치기, 화난 표정 짓기, 결점 잡기 등입니다. 이들 내면의 언어는 "내가 잘되고 행복하고 기분이 좋으려면 당신이 나에게 잘해야 돼"입니다. 이 말은 결국 "내 삶의 주관자는 당신이고, 당신의 손에 내 행복이 달렸어"라고 말하는 것과 같습니다. 이들의 정서는 분노, 좌절, 불신, 공포지만 내면은 낮은 자존감과 실패에 대한 두려움으로 자신과의 접촉에서 벗어나 있고, 무력감과 외로움을 느낍니다. 그러나 자기주장이 강하고 리더십 있는 모습을 보여주기도 합니다. 변화하기 위해서는 상대방의 의견을 경청하고, 자기감정을 관찰하고 조절하며, 타인과 상황을 배려하는 것이 필요합니다.

[초이성형]

초이성형은 자신과 타인의 감정보다는 상황을 우선적으로 생각합니다. 이들의 행동은 딱딱하고 경직되어 있으며, 냉담하고 진지합니다. 이들의 언어는 논리적이고 객관적인 규칙, 추상적인 개념을 언급하나 개인적인 감정을 거의 드러내지 않아 고독하고 공허하게 들립니다. 자신의 가치에 확신이 부족하고, 자신과의 교감이 잘 되지 않습니다. 그러나 지적이고 학술적인 연구를 실행함에 있어서는 큰 능력을 발휘합니다. 이들이 변화하기 위해서는 신체이완훈련과 함께 공감훈련이 도움이 됩니다.

[산만형]

산만형은 자기, 타인 그리고 상황을 고려하지 않는 대처방식입니다. 말과 행동이 부산스러워 보이며, 상황에 어울리지 않는 엉뚱한 대답을 해서 내면과 외부의 연결을 막으려 합니다. 이들의 내면의 언어는 "아무도 나를 진심으로 걱정하거나 받아들여 주지 않는다"고 생각하여 내면 깊은 곳에서는 외로움과 무가치감을 경험합니다. 그러나 유머 있고 창의적이며 재미있는 사람으로 보이기도 합니다. 변화하기 위해서는 먼저 자신의 감정을 인식하는 훈련이 필요합니다. 그리고 지금 여기에 집중할 수 있도록 명상이나 주의집중훈련을 하는 것이 좋습니다.

[일치형]

일치형은 의사소통할 때 전달하는 말의 내용과 정서가 일치하는 것을 말합니다. 정서는 목소리, 표정, 몸짓, 제스처, 음조, 호흡 등이 포함됩니다. 일치형 대화를 하는 사람은 자존감이 높고 성숙하며 책임감 있는 진실한 사람입니다. 이들은 자신과 타인의 감정과 상황을 고려해 차분하고 정직하게 자신이 원하는 것을 표현합니다.

(출처 : 〈사티어 빙산의사소통〉, 김영애 지음, 김영애가족치료연구소, 2015)

2단계 의사소통 방식 코칭 질문

목적

현재와 같은 의사소통 방식을 갖게 된 원인을 알고, 내면의 감정과 일치하는 대화를 위해 필요한 성장 방법을 알 수 있다.

기대 효과

자기 인식과 변화를 위한 구체적 방법 통찰, 존재 양식의 변화.

방법

일대일로 짝을 지어 한 사람은 코치가 되고 다른 한 사람은 코치이가 된다. 혹은 홀로 묻고 마음으로 대답하며 셀프 코칭을 할 수 있다.

1. 의사소통 유형의 특징을 읽고 당신은 어떤 유형이라고 생각하나요? 그렇게 생각하는 구체적인 경험이 있다면 무엇인가요?

예) 회유형이다. 나는 남편이나 아들이 화를 낼까 봐 두려워 나의 감정을 솔직하게 이야기하지 못하는 경우가 많다. 분명히 남편과 아들이 잘못한 상황에서도 그들이 무표정하거나 침묵을 유지하면 오히려 내가 죄책감을 갖게 되고, 그들의 비위를 맞추려고 친절한 말과 행동을 하기 시작한다.

2. 당신의 의사소통 유형의 특징을 다시 읽어봅니다. 어떤 마음이 드나요? 또는 어떤 깨달음이나 통찰이 있나요?

예) 내가 평소에 어떤 태도와 마음으로 의사소통을 하고 있는지 알게 됐다. '아, 내가 이러고 있었구나' 하는 생각에 슬퍼진다.

3. 지금과 같은 유형을 갖게 된 이유는 무엇인가요? 느껴지는 것을 적어보세요.

예) 어머니의 의사소통 방식을 그대로 사용하고 있음을 알게 되었다. 어머니는 헌신적이고 책임감이 강한 분이지만 자기주장을 하지 않았다. 스스로를 중요하지 않은 사람으로 생각하며 사셨다는 생각이 든다.

4. 이 시간 이후 변화하고 싶은 것이 있다면 무엇인가요? 구체적으로 표현해보세요.

예) 그동안 지나치게 타인을 의식하며 살았다. 나의 내면에 귀를 기울이고 나를 존중하는 시간을 갖고 싶다.

5. 변화를 위해 할 수 있는 일은 무엇인가요?(10번 이상 여러 번 물어보세요. 삶의 주인이 되어 답합니다.)

예) 누군가 나에게 말을 건네면 잠시 멈춰서 나의 마음을 느껴본 다음에 말한다. / 다른 사람의 말과 행동에 두려움이 느껴지는 경우 솔직하게 표현한다. / 타인을 배려하는 만큼 나를 배려한다. / 다른 사람이 나를 싫어할 수 있다는 것을 안다. / 원하지 않는 요구는 거절한다.

6. 5번에서 생각한 방법 중 가장 먼저 시작할 것은 무엇이며, 언제부터 할 것인가요? 방해물이 있다면 무엇이며, 없앨 수 있는 방법은 무엇인가요?

예) 첫 번째 '누군가 나에게 말을 건네면 잠시 멈춰서 나의 마음을 느껴본 다음에 말한다.'를 먼저 해보겠다. / 지금 이 순간부터 / 다른 사람들의 말이나 표정을 보고 알아서 배려하는 행동이 거의 자동적으로 일어난다. / 반지를 끼고, 사람들과 대화할 때 반지를 만지며 내 마음을 느껴보는 것이 좋을 것 같다.

7. 변화된 당신은 어떤 모습인가요? 그 모습을 보는 당신의 마음은 어떤가요?

예) 어떤 사람들과 함께 있어도 담담하게 내 마음을 표현하고 공감하며 대화하고 있다. / 편안하고 좋다. 내가 원하는 모습이다.

8. 의사소통 유형을 알아보고, 코칭 대화로 새로운 목표를 세우는 과정 중에 또는 과정을 마치며 어떤 느낌이 들었나요?

예) 내가 정말 원하는 모습이 어떤 것인지 알았다. 어디서부터 변화를 시도해야 할지 알 수 있어서 좋았다.

3단계 욕구가 보내는 신호 알아차리기

욕구가 보내는 신호 알아차리기 연습이 여기에서도 도움이 됩니다. 타인과 의사소통을 할 때 자신의 반응을 관찰하고, 그러한 반응이 진정으로 원하는 것은 무엇인지 깨닫기 바랍니다.

스텝 1 내가 지금 기분이 상한 이유가 뭐지?

스텝 2 어떤 기대가 무너진 거지?

스텝 3 내 안에는 어떤 긍정적인 욕구가 있었던 거지?

스텝 4 아하, 그랬구나!

우리가 진정 원하는 것이 무엇인지 알게 되면 다른 사람을 쉽게 비난하지 않습니다. 내 안의 욕구를 알고 솔직하게 감정을 표현할 수 있으면, 자신은 물론 세상을 향한 진정한 사랑을 할 수 있게 됩니다.

4단계 원하는 것을 얻는 대화법

1. 자신의 욕구에 충실하며 진정으로 원하는 바를 비난 없이 말한다.
2. '나'를 주어로 말한다.

3. 생각(관찰)+감정(느낌)+바람(요구)+상대의 느낌 확인 및 부탁.

4. 온 마음과 온몸으로 경청의 자세를 취한다(마음성장학교 기본 연습 중 '눈 맞춤'코칭 활용).

예) 방바닥에 벗어놓은 양말이 여기저기 있는 것을 보니(관찰)

　　나는 좀 짜증이 나. 왜냐하면 나는 지금 피곤한데, 내가 그것을 치워야 하기 때문이야. (느낌+이유)

　　앞으로는 빨래통에 넣어주길 바라. (요구)

　　내 생각을 들으니 어때? 그렇게 할 수 있겠어? (상대의 느낌 확인 및 부탁)

이 과정은 많은 연습이 필요합니다. 그리고 함께할 대상을 찾는 것이 중요합니다. 나의 마음을 읽어주고, 서툴게 표현한 내 마음을 귀하게 받아주는 사람이면 더없이 좋겠지요. 주의할 것은 이 연습을 갈등 상대와 하지 마세요. 그들과는 정말 편안하게 대화할 준비가 되었을 때 해도 늦지 않습니다. 더 이상 상처받고 아파하지 말고, 먼저 당신 자신을 돌보세요.

자유로운 삶을 위한 선택
용서

우리가 서로 다르지 않다는 것을 발견하는 것은
우리가 서로 다르다는 것을 아는 것보다 실로
위대한 통찰을 줍니다.

삶을 정지시킨
그때, 거기, 그 사람

　　　　　살다 보면 모든 일이 계획대로 되지 않는 다는 것을 경험합니다. 피할 수도 없고 아무리 노력해도 변할 것 같 지 않은 어떤 상황과 마주할 때도 있습니다. 동료와의 관계에서 일 어난 사소한 갈등일 수도 있고, 언어폭력이나 무례한 행동을 당한 경험일 수도 있습니다. 어쩌면 이 정도까지는 무시해버릴 수 있을 지도 모릅니다. 하지만 믿었던 사람으로부터 배신을 당하거나 공개 적인 장소에서 망신을 당한 경우 우리는 깊은 내상을 입게 됩니다. 그밖에 자연재해나 사고, 질병, 죽음과 이별로 인한 상실은 준비할 겨를 없이 들이닥쳐 피하려 해도 피할 수 없습니다. 겉으로 보기에 는 편안한 인생인 듯 보일지라도 조금 깊은 대화를 나누면 누구나 한 가지쯤 가슴 아픈 경험을 간직하고 있습니다.

문제는 이 불편한 경험을 어떻게 처리하고 관리했는지입니다. 이 경험을 오래오래 곱씹으며 비난을 멈추지 않고 모욕감에서 벗어나지 못하는 경우도 있고, 깊은 상처와 고통에도 불구하고 자유로운 삶을 살아가는 사람들도 있습니다.

삶을 멈추게 한 장면과 만나기 위해서는 아주 어린 시절의 기억부터 시작해 최근까지 있었던 순간들을 정리할 것을 권합니다. 왜냐하면 하나의 사건과 그에 대처하는 방식은 비슷하게 반복되기 때문입니다. 처음에는 보이지 않을지라도 각각의 사건을 깊이 들여다보면 연결점을 찾을 수 있을 겁니다.

기억하고 싶지 않을 만큼 끔찍한 경험을 한 경우 그때 그 사건과 그 장소, 그 사람에게 느끼는 감정이 힘들어 기억 속에서 지워버리거나 왜곡해 별일 아닌 것처럼 행동하기도 합니다. 그러나 외면한 감정은 사라지지 않으며 내면 깊은 곳에 잠들어 있다가 통제력을 잃는 순간 건강하지 않은 모습으로 터져 나옵니다.

거기, 그곳, 그 사람으로부터 자유롭고 싶다면 먼저 당신이 상처를 받았다는 사실을 인정해야만 합니다. 그리고 그때 당신이 느낀 감정을 있는 그대로 표현하고, 그 상처와 고통에 합당한 위로를 해주어야 합니다. 덮어둔 기억은 단숨에 회복되지 않습니다. 왜곡이 심한 경우 기억을 되살리는 데 고통을 동반할 수도 있습니다. 하지만 덮어두면 주변까지 다 썩게 됩니다. 당신을 병들게 하고 주변 사람들까지 힘들게 합니다.

상처에 소독약을 바르고 도려내면 심한 고통이 따르지만, 그 고통은 상처를 품고 사는 고통과는 다른 후련함을 가져다줄 것입니다. 그리고 마침내 그 사건으로부터 자유로워질 것입니다.

치유되지 않은 상처는 우리를 머무르게 합니다. 삶이 그 순간 정지됩니다. 겉모습은 자라고 있지만 내면의 성장은 멈춰버립니다. 반면 상처를 치유한 사람들은 자유롭게 성장할 수 있습니다. 이제 당신에게 기회를 주세요. 정직함과 용기가 당신을 더 자유롭게 해줄 겁니다.

평생 희생자로 살 것인가

제 마음속에는 한 장의 그림이 있습니다. 그림 속에서 행복한 얼굴로 길을 걷고 있는 나를 친했던 사람이 탱크를 타고 와 뭉개고 지나가버렸습니다. 나는 아주 납작해졌습니다. 피도 흐르지 않고, 애니메이션의 한 장면처럼 그렇게 그대로 납작하게 길바닥에 버려져 있습니다.

세상에서 가장 친밀한 관계라 믿고 있던 남편에게 결혼 15년이 되던 어느 날 이별을 통보받았습니다. 20여 년을 함께하며 모든 것을 알고 있다고 믿었는데, 그 순간 아무것도 모르고 있었다는 회한과 함께 막막함이 몰려왔습니다. 무방비 상태에서 깊은 상실과 단절을 경험했습니다. 처음에는 인정할 수도, 이해할 수도 없는 아픔과 고통을 그저 묵묵히 견딜 수밖에 없었습니다. 나는 한 아이의 엄마이고, 그리고 끝까지 좋은 어른이 되고 싶었기 때문입니다. 내가 얼마나 아픈지 느낄 수도 없었고, 느껴서도 안 된다고 생각했습니다. "괜찮아, 다 괜찮아"라고 스스로를 위로하며 하던 일을 계속했습니다. 아무 일도 일어나지 않은 것처럼 엄마와 선생님 역할을 수행했습니다.

그런데 서둘러 덮어버린 상처는 시도 때도 없이 올라와서 난처한 상황을 만들기 시작했습니다. 누군가와 이야기를 나누다가도 울고, 길을 걷거나 지하철을 타고 가다가도 눈물이 멈추지 않았습니다. '나는 희생자다, 나는 버려졌다, 나는 억울하다.' 내 안에서 아우성이 일어나도 겉으로는 다 괜찮은 척 묵묵히 할 일을 하며 시간이 모든 것을 해결하기를 기다리고 또 기다렸습니다. 하지만 기다리고 덮어버리는 것만으로는 좋아지는 것이 없다는 걸 알게 되었습니다. 상처를 인정하고, 분노와 고통을 인식하고, 나 자신을 안아주기 시작했습니다. 상담도 받고, 글도 쓰고, 끝없이 이야기를 했습니다. 개인상담과 집단상담부터 국내외 각종 심리 세미나에 참여하면서 태어나서 처음으로 나를 들여다보는 시간을 가졌습니다.

그 후로 시간이 한참 흐른 어느 날, 이제는 거의 회복이 되었구나 싶었을 때, 불현듯 머릿속에 떠오른 장면이 앞서 묘사한 '납작해진 나'였습니다. 그런데 다시 보니 납작해진 나는 이제 온몸에 피가 흥건한 처참한 모습이었습니다. 나의 고통과 아픔의 크기를 있는 그대로 인식하자 비로소 온전히 느껴진 것입니다.

나는 사랑했던 남편과 현재 함께하고 있지 않습니다. 나에게는 상처를 치유할 시간이 필요했고, 나를 돌볼 시간이 필요했습니다. 그리고 내가 겪은 고통과 아픔을 세상과 다른 방식으로 해결하고 싶었습니다. 무엇보다 나는 아들에게 좋은 어른으로 남고 싶었습니다. 시간이 걸리더라도, 우리 중 누구도 더 이상 다치는 것을 원하지 않았습니다.

오랜 시간을 돌아온 지금 그림 속의 나는 더 이상 납작하지 않습니다. 너무 아파서 회피했던 감정을 온전히 느끼고 공감하자 그토록 처참하게 무너졌던 자존감을 다시 세우고 일으킬 수 있었습니다. 그리고 이제 내가 배우고 깨달은 것을 나누며, 그것을 필요로 하는 사람들과 동행할 수 있게 되었습니다. 희생자의 삶을 고집하며, 비난과 원망을 멈추지 않았다면 불가능한 일이었겠지요.

희생자의 삶을 끝끝내 이어가겠다면 그 삶을 통해 진정으로 지키고 싶은 것이 무엇인지 먼저 생각해보세요. 어쩌면 그건 '나는 존중받아야 하는 사람이다, 나는 버림받으면 안 된다, 나는 고난받지 않아야 하는 사람이다'라는 신념이 아닌가 합니다. 우리는 자신이 존중받아야 하는 사람이라고 내세우면서도 계속 희생자의 삶을 놓지 않습니다. 자신을 가장 존중해야 할 사람은 바로 우리 자신입니다.

고통의 시간을 통해 얼마나 부끄러운 존재로 살았는지 알 수 있었습니다. 그리고 우리가 자신을 온전히 사랑하지 못하고 살아갈 때 신은 고통을 통해서라도 우리가 얼마나 소중한 존재인지 깨닫게 한다는 것을 알게 되었습니다. 희생자의 관점에서 어느 정도 벗어나자 나는 결혼과 별거를 통해 내가 받은 선물을 하나씩 써보았습니다.

1. 아들 혁이의 엄마가 되었다.
2. 세상 무엇보다 내가 소중한 존재라는 것을 알게 되었다.
3. 이 땅의 어머니와 자녀들을 위한 더 큰 사명을 가지고 살아가게 되었다.
4. 다른 사람의 인정과 칭찬, 승인이 더 이상 필요하지 않게 되었다
5. 폭풍 속에서도 춤출 수 있게 되었다.
6. 사람들의 치유와 성장을 위해 나의 삶을 재료로 사용할 수 있게 되었다.

⋮

끝도 없이 이어지는 감사의 선물을 써 내려가면서 저는 더 이상 남편을 미워하는 데 에너지를 쓰지 않게 되었습니다. 20여 년의 시간을 모조리 쓰레기통에 버리고 싶은 심정이었지만, 마음의 힘이 회복되고 희생자의 관점에서 벗어나자 소중한 추억은 추억대로 남겨둘 수 있었습니다. 모든 만남은 그 만남을 통해 배워야 할 것이 있고, 그 배움이 가져다주는 선물이 있다는 것을 알았습니다. 누구를 만나든 말입니다. 당신이 지금 고통스러운 관계에서 힘겨운 시간을 보내고 있다면 그 경험으로 무엇을 배워야 하는지, 신은 무엇을 선물하기 위해 그런 고통을 주는지 생각해보시기 바랍니다.

나는 용서하기로 '선택'한다

용서는 선택입니다. 용서는 나에게 상처를 준 사람과 나 자신을 풀어주는 것입니다. 과거의 고통으로부터 자유롭게 해주는 열쇠입니다. 용서 없이는 성장하지 못합니다. 물론 절대 용서할 수 없을 것 같은 사람도 있습니다. 그럼에도 불구하고 우리 자신을 위해 용서를 '선택'해야 합니다.

용서를 거부한 채 억울하고 분한 감정을 계속 유지하면 피해의식과 괴로움이 생깁니다. 불덩이를 안고 사는 사람은 그 불덩이로 자신에게 상처를 준 누군가에게 고통을 줄 것이라고 믿지만 그렇지 않습니다. 그들은 아무 영향도 받지 않습니다. 불덩이에 화상을 입는 사람은 자신일 뿐입니다.

용서를 선택하면 상대에게 보내던 에너지를 회수할 수 있습니다. 나에게 상처를 준 사람을 위해 더 이상 시간과 에너지를 쓰지 않아도 된다는 말입니다. 또한 자기연민으로부터 올라오는 우울한 감정에 빠지지 않아도 됩니다. 다시 세상으로 나아가 사람들을 만나고, 하고 싶은 일을 하며, 원하는 삶을 살아갈 수 있습니다.

저 역시 이전에는 나와 가족 그리고 내가 가르치는 아이들밖에 관심이 없던 사람이었습니다. 그런데 관계의 아픔을 극복하고, 용서의 과정을 겪으면서 세상을 바라보는 좀 더 넓은 시각을 갖게 되었습니다. 내가 겪었던 아픔과 비슷한 상황에 있는 사람들을 보면 그냥 마음이 갔습니다. 어디라도 달려가 함께하고 싶은 마음이 생겼습니다. 그래서 치유와 성장을 위한 다양한 집단을 만들었고, 마음성장학교가 탄생하게 되었습니다.

하지만 용서는 그렇게 쉬운 일이 아닙니다. 저 역시 수없이 많은 용서의 과정을 밟았으나 계속해서 올라오는 억울하고 분한 마음을 어찌할 수 없었던 시간들이 있습니다. 스스로 착하고 고상한 사람이고자 했던 저는 상한 마음을 맘 놓고 표현하지도 못했습니다. 가슴에 얹어진 돌덩이는 점점 커져만 갔습니다. 하루에도 몇 번씩 깊은 한숨이 흘러나왔고, 이곳저곳 몸이 아파오는 신체화 반응이 일어났습니다. 더 이상 나를 위해 용서를 미룰 수 없었습니다. 본래 용서는 이 지점에서 이루어집니다. 내가 살아야 하기에 더 이상 미룰 수 없는 그때, 우리는 용서를 선택합니다. 결국 용서는 나를 위해서 하는 것입니다.

용서하기에 앞서 해야 하는 첫 번째 행동은 비난과 탓하기를 멈추는 것입니다. 용서는 더 이상 그것으로부터 영향을 받지 않겠다는 선언입니다. 그러나 너무 성급하게 서두를 필요는 없습니다. 우리가 용서하기로 선택하고 용서를 했다고 해도 우리의 감정은 여전히 남아 있을 수 있습니다. 상처의 크기에 따라 치료방법과 기간이 다르듯 마음의 상처도 그 크기에 따라 시간이 필요합니다. 진정한 용서를 경험하면 마음에 얹어진 돌덩이가 어느새 사라지고, 비로소 홀가분한 감정을 느낄 수 있게 됩니다.

용서는 한순간 이루어지기도 하지만 대부분 여러 번 반복하는 과정을 밟아야 합니다. 용서를 했지만 반복적으로 억울함과 분노가 치밀어올라 여전히 놓지 못하는 자신을 알아차리고, 있는 그대로 그 감정을 위로하고 치유하는 시간을 갖는 것이 중요합니다.

삶에서 용서가 필요했던 순간들과 마주하고 용서하기 코칭 프로세스를 하다 보면 그때 그 순간, 아프고 고통스러운 상황 속에서 지켜주지 못했던 '나'를 발견할지도 모릅니다. 누군가를 용서하는 시간은 그래서 '나를 용서하는 시간'이기도 합니다. 저 역시 미움과 원망의 대상을 용서하며, 부모님의 사랑을 원하면서도 일부러 외면하며 살아온 나, 인정에 목말라 타인의 눈치를 보며 자신을 존중하지 못한 나, 모멸감 속에서 괜찮은 척 감정을 차단한 채 살아온 나 자신을 위로하고 용서하는 시간을 가졌습니다.

용서는 새로운 삶을 줍니다. 나를 새롭게 합니다. 그때 거기 그 사람들을 새로운 관점으로 보게 합니다. 용서는 당신이 용서하기로 선택한 바로 그 순간 시작됩니다.

◈ 용서하기 코칭 프로세스 ◈

1단계 마음의 짐 내려놓기 코칭

자아와 그림자 통합 코칭 프로세스를 활용합니다.

2단계 용서하지 않았을 때 얻는 이익과 용서했을 때 얻는 이익 비교하기

당신의 삶에서 일어난 일을 생각하며 목록을 작성해보세요.

[용서하기 과정]

1. 상처로 인한 고통과 분노를 느낀다.
2. 상한 마음을 스스로 드러내고 인정하는 단계로 수치심, 미움, 피해의식, 희망의 상실, 곱씹기 등의 감정을 경험한다.
3. 심리적 고통을 해결해보려고 노력한다. 용서하기로 결정한다.
4. 상처를 준 사람을 측은하게 생각하고 자신에게 집중한다.
5. 정서적 해방과 자유를 느끼고, 인생의 새로운 목적과 방향을 발견한다.

용서의 과정을 하나하나 읽으며 당신이 지금 어떤 상태인지 알아봅니다. 상처의 깊이에 따라 필요한 시간은 다르지만 그 과정은 어느 정도 비슷합니다. 지금 당신의 마음이 어느 지점에 있는지 안다면 무엇을 어떻게 해야 할지 알 수 있을 겁니다.

아직 용서하고 싶은 마음이 없다 해도 용서를 선택하고 용서하기 코칭 프로세스를 반복하여 읽어봅니다. 그리고 완전하지 않더라도 당신 자신을 위해, 고통과 슬픔으로부터 자유로워지고자 하는 마음으로 다음 명상을 진행합니다. 하지만 무엇보다 중요한 것은 마음의 짐 내려놓기 코칭 질문에 답하며 그때 그 순간 당신이 느꼈을 고통과 아픔을 그대로 느끼는 겁니다. 너무 쉽게 모든 것을 덮어버리고 잊으려 하지 말고 있는 그대로 느끼고 그에 합당한 치유 과정을 밟을 때 온전히 회복할 수 있습니다.

4단계 용서하기 명상

기대 효과

통찰, 마음의 평화, 연민과 자비심.

방법

다양한 자세로 편안하게 할 수 있다. 따뜻한 물이 담긴 욕조에 들어가서 해도 좋다. 떠오른 그 사람에게 집중하며 호흡한다. 마음속에서 올라오는 분노와 화, 후회, 죄의식 등 무엇이든 그대로 느낀다. 그 감정 하나하나에 이름을 붙인다. "이것은 나의 억울한 마음이다, 이것은 나의 돌보지 못한 마음이다" 등 원하는 대로 짓는다. 그리고 "그렇게 느껴도 괜찮아"라고 말한 후 깊은 호흡과 함께 감정을 하나하나 떠나보낸다. 그 순간 자신과 상대가 정말 원했던 것은 무엇인지 느껴본다. 자신과 상대가 정말 하고 싶었던 말이 무엇인지 느껴본다. 그리고 그 사람 혹은 그 사건을 통해 온 선물이 있다면 무엇인지 생각해본다. '내가 편안하기를, 내가 행복하기를, 그가 편안하기를, 그가 행복하기를' 기도하며 마음으로 연민과 자비심을 전해본다.

5단계 용서하는 편지 쓰기

상대방을 용서했다고 해도 자신을 용서하지 않으면 끝나지 않습니다. 오랜 시간 상처와 고통을 가슴에 품고 지내오는 동안 힘들고 외로웠을 자신을 위로하고, 자신을 잘 돌보지 못한 것에 용서하는 마음을 전하길 바랍니다. 이제 자신을 위해 용서하는 편지를 써봅니다.

누군가를 계속 비난하고 원망할 때, 우리의 내면에서는 그들로부터 보상받기를 원합니다. 이제 그들에게 원했던 것을 자신에게 해줄 수 있습니다. 존중이거나 사랑 혹은 인정과 칭찬, 그 어떤 것이라도 자신에게 필요한 것을 다른 이들에게 요구하기 전에 스스로 채워야 합니다. 당신은 그럴 수 있는 존재입니다.

[용서하는 편지에 포함시킬 내용]
1. 내가 용서할 대상은 누구이며, 무슨 일이 일어났는가?
2. 그때 그 순간 내가 느낀 감정은?
3. 만일 그 순간으로 돌아간다면 하고 싶은 말이나 행동은 무엇인가?
4. 이제부터 내가 나를 지키기 위해 원하는 것은 무엇이며, 할 수 있는 것은 무엇인가?
5. 편지 마지막 부분에 '이제 나는 나에게 일어난 일을 온전히 수용하고 축복하며 떠나보낸다'라고 직접 써봅니다.

_____에게

_____년___월___일

_____쓴

·6주·

원하는 삶을 창조하는 힘
신념

당신은 우는 아이인가? 삶과 싸우는 용감한 어른인가?
당신은 당신 삶의 주인인가?
"나는 내 삶의 주인입니다." 큰 소리로 외쳐봅니다.
그리고 마음속에서 떠오르는 생각과 감정을 그대로 느껴봅니다.

지금 나의 모습은
내가 선택한 신념의 결과

　　　　　　　　　　결혼 후 15년 동안 열심히 살았
습니다. 슈퍼우먼이 되고 싶었습니다. 아이도 잘 키우고, 집안일도
완벽하게 하고, 돈도 잘 벌고, 사회에서 인정도 받고 싶었습니다.
무언가를 해야만 인정받을 수 있다는 생각에 한순간도 편히 쉬지
못했고 열심히 일만 했습니다. 그러다 보니 힘든 내 마음은 물론이
고 가족들의 마음조차 읽어주지 못했습니다. 오로지 목표를 정해놓
고 성과를 내는 것이 중요했습니다. 나의 성과가 가족에게도 의미
있다고 생각했고, 그것이 행복이라 여기며 살았습니다. 남편과의
관계에 문제가 생기자 아들마저 학교에서 문제행동을 하기 시작했
습니다. 마치 가족과 내가 두꺼운 콘크리트 담장을 사이에 두고 마
주 선 것 같았습니다.

마음을 나누고 살피는 것은 서투르지만 나름대로 행복한 가정을 꾸리고 있다고 믿었습니다. 내 인생에 가장 중요한 사람과의 단절은 견딜 수 없는 고통으로 다가왔습니다. 우울증이 심해졌고, 몇 번의 공황장애도 경험했습니다. 일을 할 수 없게 되었고, 멈춰야 했습니다.

그제서야 한 번도 쉬지 않고 달려왔다는 걸 깨달았습니다. 정말 행복하게 살고 있다고 생각했는데 나 혼자만의 꿈이었다는 것도 알게 되었습니다. 누구를 위해 이렇게 열심히 살았나 싶은 허망함에 울고 또 울었습니다. 만약 나를 위해서였다면 이렇게 살았을까? 이제 어떻게 살아야 할까? 도무지 알 수 없었습니다. 나는 누구이며, 무엇을 위해 살아가야 하나? 어떻게 사는 것이 옳은가? 묻고 또 물었습니다.

그러던 중 한 세미나에서 이 모든 삶이 바로 내 선택의 결과라는 것을 깨닫게 되었습니다. 처음에는 화가 날 정도로 받아들일 수 없었습니다. 나는 완전한 '희생자'가 되어 위로를 받을 생각으로 참여했는데, '지금 나의 모습은 내가 선택한 신념의 결과'라는 도무지 믿고 싶지 않은 말을 들었습니다.

'지금 나의 모습은 내가 선택한 신념의 결과다.' 몇 번을 읽고 또 읽으며 삶을 돌아보았습니다. 받아들이기 힘들었지만 결국 인정할 수밖에 없었습니다. 초등학교 때부터 '혼자'라는 왜곡된 신념을 가지고 있었기에 캔디처럼 슬프고 외롭고 힘겨운 감정을 누구에게도 보이지 않았고, 웃고 또 웃었습니다. 화가 날 때도 힘들 때도 내가 가진 얼굴은 웃는 얼굴뿐이었습니다.

'지금 나의 모습은 내가 선택한 신념의 결과'라는 말을 받아들이자 그동안 원망과 비난으로 힘들어하던 마음이 잠잠해졌습니다. 내가 선택한 것이라면 내가 바꿀 수 있다는 것도 알았습니다. 비로소 뜻대로 사는 삶의 비밀을 알게 되었습니다. 비난을 멈추고 나의 감정을 느끼고, 그러한 감정을 불러오는 욕구를 느낄 수 있었습니다. 그리고 그 욕구 밑에 있는 신념이 무엇인지 하나하나 깨달았습니다.

'나는 혼자다'라는 신념 아래에는 '나는 존중받고 사랑받고 싶다'는 욕구가 있었습니다. 그런 생각을 가지고 살아온 내가 너무나 불쌍했습니다. 이제야 내 삶의 퍼즐이 맞춰지는 기분이 들었습니다. 어린 시절 품었던 신념이 이토록 깊이 파고들어 내 삶의 모든 것을 만들어가고 있다는 것을 알아차리자 그 신념들을 더 구석구석 샅샅이 살피기 시작했습니다. 그 과정에서 저는 어머니에게 따뜻한 돌봄을 받지 못한 데서 원인을 찾았지만, 용서를 통해 이것이 진실이 아니라고 느꼈습니다.

어느 날 집 앞 공원에 홀로 앉아 깊은 호흡을 하던 중 소리도 없이 비가 내리기 시작했습니다. 저는 가만히 내리는 비를 보았습니다. 그때 마음 깊은 곳에서 탄성이 흘러나오며 깨달았습니다. 어머니는 용서받을 것이 없다는 것을, 오히려 용서를 받아야 할 사람은 나라는 것을 알게 되었습니다. 어머니는 '내가 너를 사랑한다'라고 살가운 말을 해주지는 않았지만 당신이 할 수 있는 최선의 방법으로 저를 사랑하고 있었습니다.

아버지가 돌아가신 후 삼남매를 혼자 키우면서 한 번도 힘들다는 내색을 안 하셨고, 결혼 후에도 끊임없이 음식을 해주시고, 제게 칭찬을 아끼지 않았습니다. 저는 어머니의 인정이 나를 사랑하는 것이 아니라 나의 성과를 칭찬하는 것이라고 생각해서 듣는 둥 마는 둥 했습니다. 그런데 그분의 인생을 돌아보니 그것은 어머니가 할 수 있는 최고의 칭찬이었다는 것을 알게 되었습니다.

어머니를 창피하게 생각하며 살았기에 내면에는 '나는 존중받지 못한, 사랑받지 못한 사람이다'라는 신념을 품고 있었습니다. 결핍된 사랑과 인정을 채우기 위해 끊임없이 일하고 또 일했습니다. 그런데 조용히 앉아 하늘에서 내리는 비를 바라보는 순간, 어머니는 내가 태어나면서부터 지금까지 한순간도 나를 마음에서 내려놓은 적이 없으며, 나를 위해 폭포수 같은 사랑비를 뿌려주고 있었다는 것을 깨닫게 되었습니다. 그랬기에 제가 지금껏 살아 있을 수 있었습니다. 이 모든 사실을 받아들이자 통곡이 흘러 나왔습니다. 비로소 근원 깊은 곳에서 전해오는 사랑의 힘을 느낄 수 있었습니다. 그리고 내면에서 새로운 신념이 올라왔습니다. '나는 사랑받을 만한 존재다, 나는 부모님의 사랑을 충분히 받고 자랐다, 나는 고아가 아니다.' 순간 나도 모르게 마음의 주름이 펴지면서 어깨에 힘이 들어갔습니다.

##

신념은 현재를 만들고 미래를 만듭니다. 우리는 믿고 있는 신념에 따라 다른 삶을 경험합니다. 신념은 우리가 진실이라고 믿고 있는 그 무엇을 말합니다. 합리적 정서행동치료의 창시자 앨버트 엘리스는 삶에서 일어난 사건에 대해 각자의 해석과 경험이 다른 것

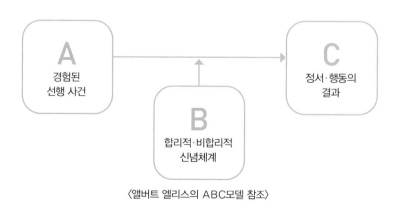

〈앨버트 엘리스의 ABC모델 참조〉

은 그 사건을 바라보는 신념체계 때문이라고 말합니다.

그는 사람들이 가진 신념을 합리적인 것과 비합리적인 것으로 분류합니다. 합리적인 신념체계를 갖춘 사람은 자신의 삶에 일어난 사건(Activating events)에 대해 합리적 해석으로 대처합니다. 따라서 스스로 원하지 않는 사건에 대해서 불쾌감, 염려, 슬픔, 양심의 가책, 후회와 같은 건강한 정서와 행동의 결과(Consequences)를 경험합니다. 이러한 감정은 이후 자신의 신념을 돌아보고 수정할 수 있는 원동력이 됩니다.

반면 비합리적인 신념체계를 가진 사람은 일어난 일에 대해 비합리적인 해석을 합니다. 스스로를 패배자라고 생각합니다. 정서와 행동에 문제를 겪게 되고, 화, 불안, 우울, 죄책감과 수치심 등 건강하지 않은 부정적 감정을 반복적으로 경험합니다. 이와 같이 사건과 결과 사이에 그것을 바라보는 신념체계(Belief system)가 있습니다. 이를 ABC모델이라고 부릅니다.

앨버트 앨리스는 사람들이 가지고 있는 비합리적 신념은 '나는 잘 해야만 한다. 너는 나를 잘 대해야 한다. 세상은 수월해야만 한다' 등 크게 세 가지로 요약된다고 말합니다. 나와 타인 그리고 세상에 대해 '…해야만 한다'라는 당위적인 신념체계를 가지고 있을 때 불평과 불만이 가득한 삶을 경험하며 비극적인 악순환 속에서 살아가게 됩니다.

이성을 사귀는 데 어려움을 겪는 30대 초반의 직장인이 있습니다. 그는 코칭 과정 중 새로 사귄 여자친구와 정말 친밀한 관계를 경험하고 있다며 행복해했습니다. 그런데 얼마 지나지 않아서 부쩍 피폐해진 모습으로 나타났습니다. 갑자기 사귀던 여자친구가 '그만 만나자'고 했다는 것입니다. 이유가 뭐냐고 물었더니 '이성으로 끌리지 않는다' '성격이 좀 맞지 않는 것 같다'는 답이 돌아왔답니다. 그런데 그는 상대의 이 말을 듣고 자책하며 '나는 사랑받을 만한 사람이 못된다' '그녀는 나를 떠나면 안 된다' '나 같은 사람은 살 가치가 없다'라는 비합리적 신념을 만들게 되었습니다. 당연히 화가 치밀어오르고, 우울하며, 수치심이 올라옵니다.

앨버트 앨리스의 ABC모델은 이와 같은 비극적인 경험을 하고 있는 이들에게 매우 유용합니다. 스스로 선택한 신념체계 때문에 건강하지 못한 정서적 경험을 하고 있다는 것을 알려주면 그들은 금방 알아차립니다. 머리만이 아니라 마음으로도 알아차려질 때 비로소 삶에 영향을 미치게 됩니다. 그러기 위해서는 그가 가진 신념 하나하나에 대한 논박이 필요합니다. 예를 들면 '한 달간 사귀던 여자친구와 성격이 맞지 않아 헤어진 사람은 사랑받을 자격이 없나요? 그것이 맞다는 증거가 있나요?' '여자친구와 헤어진 사람은 살 가치가 없다는 것이 진실인가요? 그것이 맞다는 증거는 무엇인가요?' 이렇게 몇 번의 논박을 주고받다 보면 어느새 자신의 신념이 얼마나 극단적인 마음에서 만들어진 것인지 알게 됩니다. 이 모델을 사용하면 누구나 혼자서도 자신이 가진 문제의 근원을 파악할 수 있고, 건강하지 못한 정서와 행동을 알아차릴 수 있습니다.

만약 이 사람이 좀 더 합리적인 신념을 가지고 있었다면 여자친구와 헤어진 것에 대해 상대를 탓하거나 자신을 비난하는 대신 슬픈 감정을 충분히 느끼고, 자신을 돌아보는 시간을 가졌을 것입니다. 그리고 이러한 과정을 통해 그는 '누구나 만나고 헤어질 수 있다' '한 사람에게 호감을 얻지 못했다고 해서 모든 사람에게 다 그런 것은 아니다' '여자친구와 잘되지 않았지만 나는 여전히 괜찮은 사람이다' 등 이성 관계에 대한 건강한 신념이 새롭게 생겼을 것입니다.

신념은 좋고 나쁜 것으로 구분할 수 없습니다. 한 사람의 신념은 그가 받은 사회의 다양한 교육과 부모의 양육태도에 따른 가치관, 인류의 집단무의식 등이 섞여 만들어집니다. 각자의 신념은 개인의 의식수준에 따라 다르게 선택됩니다.

어느 날 우리 집 강아지 보리와 산책을 하고 있을 때 일입니다. 친구와 놀고 있던 초등학교 여자아이가 보리를 보더니 "으악, 무서워" 하며 뒤로 물러섰습니다. 아이에게 우리 집 강아지는 물지 않으며 착하다고 말했지만 막무가내로 비명을 지르며 저만치 달아났습니다. "너보다 아주 작은 강아지인데 왜 그렇게 무서워 해?"라고 묻자 전에 강아지에게 물릴 뻔한 적이 있었다고 말했습니다. 강아지에 대한 부정적인 경험이 아이로 하여금 '모든 강아지는 무섭다'라는 비합리적 신념체계를 갖게 했고 두려움의 정서를 경험하게 했으며, 놀라서 달아나는 행동을 하게 했습니다. 그리고 자신의 신념이 정당하다는 근거로 강아지에게 물릴 뻔한 경험을 이야기했습니다. 나는 아이에게 "이 강아지는 네가 물릴 뻔한 그 강아지가 아닌데"라고 말해보았지만 아이는 "그건 알지만 그래도 물릴 수 있어요"라며 불안한 마음을 표현했습니다. 그리고 옆에 있던 친구는 지난번에 뉴스에서 봤다며 강아지가 사람을 물었다는 보도 내용을 이야기했습니다. 이처럼 어떤 사람이 가지고 있는 신념은 그 사람이 어떤 경험을 하게 될 것인지를 결정합니다. 아이는 작고 귀여운 강아지를 보고도 무서운 강아지를 경험합니다. 세상의 모든 강아지를 무서운 강아지로 만들어버린다는 말이 더 옳을 수도 있습니다. 그렇다면 '강아지는 무섭다'는 신념은 진실인가요? 어떤 사람은 '강아지는 귀엽다'는 신념을 갖고 있습니다. 그럼 '강아지는 귀엽다'는 신념은 진실일까요? 누군가에게는 완전한 진실이지만 다른 사람에게는 설득의 여지가 없는 거짓이 되기도 합니다. 신념은 이렇게 진실일 수도 거짓일 수도 있습니다.

또 어떤 신념은 뿌리 깊게 박혀서 도무지 바꿀 수 없는 것처럼 느껴질 때도 있습니다. 어린 시절 양육자나 선생님 또는 친구들과의 관계에서 받은 상처가 신념이 되는 경우가 그렇습니다. 만약 누군가가 평생 '나는 못생겼다. 사람들은 나를 싫어한다' 등 자신에게 해로운 영향을 주는 비합리적인 신념을 갖고 산다면 어떨까요? 그런 신념을 가진 사람들은 반복되는 고통을 경험하면서도 그 근본 원인이 무엇인지 모른 채 자기 파괴적인 삶을 살아갑니다. 신념은 삶에 매우 강력한 영향을 미칩니다. 한 사람이 어떤 삶을 경험하게 될지 결정하는 것이 신념의 역할이며 신념의 힘이기도 합니다. 어떤 신념은 도움이 되고 어떤 신념은 방해가 되기도 합니다. 그러나 다행스러운 것은 건강하지 못한 감정과 행동을 경험하게 하는 비합리적인 신념을 찾아내고 변화시킬 수 있다는 점입니다. 좋은 신념은 내면의 묵은 상처를 치유하고, 새로운 삶에 동기부여를 하며, 목표를 달성하고 성취할 수 있도록 돕습니다. 당신이 원하는 삶에는 어떤 신념이 도움이 되나요? 또 어떤 신념이 방해가 되나요? 다른 누군가의 도움을 받지 않아도 스스로 신념을 탐색하고 원하는 대로 바꿀 수 있습니다.

원하는 삶을 창조하는 잠재의식 활용법

반세기가 넘도록 수많은 사람의 삶을 변화시킨 세계적인 성공학 거장 클라우드 브리스톨의 〈신념의 마력〉(정만호 옮김, 해피앤북스, 2013)을 읽고 제 삶에 적용해 변화와 확신을 경험했습니다. 잠재의식의 힘을 믿고 활용한다면 삶은 쉽고 단순해질 것입니다.

잠재의식은 현명합니다. 잠재의식은 그 어떤 세상의 지식보다 현명하게 우리의 길을 알고 있습니다. 잠재의식은 내면 깊은 곳에 있는 진정한 '나'일 수도 있고, 내면의 소리일 수도 있습니다. 잠재의식은 영혼에 필요한 것이 무엇인지 정확히 알려줍니다. 하지만 오랜 시간 자신의 감정과 욕구를 억압하고 살아온 경우에는 잠재의식의 신호를 감지하기 위해 이 책에 소개한 여러 연습을 꾸준히 할 것을 권합니다. 오감이 살아나고, 내면에 귀 기울일 수 있게 되면 그때 잠재의식이 보내는 신호를 알 수 있습니다.

잠재의식을 활용하는 세 가지 비밀은 "믿어라, 복종하라, 참고 기다려라"입니다.

잠재의식을 활용하는 방법은 이 세 가지뿐입니다. 내면의 그 소리를 믿고, 복종하고, 기다리는 것입니다. 될 때까지 참고 기다립니다. 꿈을 이룬 사람들의 사례를 통해 그들이 어떻게 잠재의식을 활용했는지 알 수 있습니다.

하늘 아래 새것 없다 하지만 여전히 새로운 것이 발명되고 발견됩니다. 페이스북, 인스타그램, 카카오톡, 우버택시, 쉐어하우스 등 다양한 소통의 도구와 시스템이 등장합니다. 창의적이면서 공익을 주는 이런 아이디어는 어디에서 나오는 것일까요? 우리 같은 평범한 사람들이 내면 깊은 곳의 잠재의식에 귀 기울인 덕분이라고 생각합니다. 세상에 둘도 없는 특별한 존재인 자신을 믿고, 자신을 사랑하는 마음으로 내면의 소리에 집중할 때 새로운 발상을 얻는 것은 당연한 결과입니다.

[거울을 활용하는 방법]

잠재의식에 말 걸기가 익숙하지 않은 사람들을 위한 방법입니다. 만약 당신이 잠재의식과 친해진다면 언제든지 이야기할 수 있고, 잠재의식이 보내는 신호를 받을 수 있습니다. 매일 아침 거울 앞에서 원하는 것을 말해보세요.

방법

1. 거울 앞에 선다.
2. 자신감이 온몸에 충만해질 때까지 심호흡을 한다.
3. 거울 속 자신의 눈을 똑바로 들여다본다.
4. 당신이 바라는 것을 잠재의식에게 말한다.

예) 나는 매력적이다. 나는 할 수 있다. 삶은 생각한 대로 된다.

[암시의 능력]

모든 사람은 자신이 생각하고 믿는 것이 곧 자신의 이미지가 됩니다. 지금의 모습은 당신이 늘 생각하고 믿었던 모습인가요? 지금 당신의 모습이 마음에 드나요? 만약 그렇지 않다면 당신은 습관적으로 살아온 삶에 빠져 있을 수 있습니다. 당신이 원하는 모습으로 살아갈 수 있도록 삶에 의도를 더하세요. 당신이 진짜 원하는 것이 당신의 이미지로 실현될 수 있도록 선택하세요.

지금 이 순간 마음으로 진정 무엇을 바라고 있나요? 원하는 것을 이루는 방법을 마음 깊이 새기세요. 아래 방법을 여러 번 읽으며 원하는 것의 이미지를 구체적으로 명확하게 떠올립니다. 당신이 진정 원하는 것이 이루어질 것을 믿고, 진실을 주고, 지시를 기다리고, 그에 따르기만 하면 됩니다.

1. 신념을 가져라.
2. 변변치 않은 것이라고 말하면 안 된다.
3. 절대 불안해하면 안 된다.
4. 상상하는 것을 그린 후 행동에 옮긴다.
5. 시행착오를 겪더라도 마음속 그림에 집중한다. 그 그림을 끝까지 지켜야 한다.
6. 당신이 그린 그림은 실현될 것이다.
7. 당신의 잠재의식은 반드시 당신이 희망하는 곳으로 데리고 간다.
8. 묵묵히 따르라. 틀림없이 이루어진다고 믿어라.
9. 마음의 눈으로 보라. 마음은 잠재의식을 활동하게 한다.

10. 믿고, 진실을 주고, 지시를 기다리고, 그 지시에 따르라.

잠재의식을 키우려면

1. 당신 자신을 사랑하라. 신뢰하라. 잠재의식을 믿어라.
2. 현실적으로 원하고 요구하는 상황이나 사물을 마음의 눈으로 보는 것은 실현을 위한 필수 조건이다.
3. 누군가와 만나고 친해져라. 편지를 써라. 카탈로그를 모으거나 어떤 책을 읽으라는 지시를 받으면 무조건 따르라. 망설이면 안 된다. 이 모든 것은 당신이 목표를 이루도록 이끌어준다.
4. 일단 씨를 뿌리고, 꾸준히 기르기만 하면 현실이 된다.
5. 당신 자신의 눈으로 관찰하는 것을 배우라.

작은 것부터 시도해보길 권합니다. 제 경험으로 잠재의식은 '누구를 만나라, 어디에 가라'고 말하기도 하지만 어떤 이미지를 보여주고 그에 맞는 사람, 책, 영화, 음악 등을 만나게 해줍니다. 너무 먼 미래를 계획하거나 확고한 목표를 정해놓고 사는 사람은 잠재의식의 신호를 듣기 어렵습니다. 삶의 로드맵도 언제든 변할 수 있다는 마음을 갖는 것이 좋습니다. 자신보다 더 큰 지혜로부터 오는 신호를 받기 위해서는 마음의 문을 활짝 열고, 무엇보다 정직하게 자신의 삶을 살아가는 겁니다. 그다음 잠재의식이 인도하는 대로 믿고 기다리면, 삶은 당신이 진정 원하는 대로 흐를 겁니다.

◈ 신념 코칭 프로세스 ◈

1단계 신념 코칭 질문

목적

비합리적인 신념을 알아차리고, 원하는 삶을 가능케 하는 신념을 만들어 경험한다.

기대 효과

삶을 지속적으로 괴롭히고 혼란스럽게 하는 비합리적 신념으로부터 벗어난다.

방법

아래 질문에 대해 순서대로 답한다. 일대일로 짝을 지어 한 사람은 코치가 되고 다른 한 사람은 코치이가 된다. 혹은 홀로 묻고 답하며 셀프 코칭을 할 수 있다.

1. 당신의 삶에서 '마땅히 또는 반드시 …해야 한다'로 끝나는 신념이 있다면 무엇인가요? 자신과 타인, 세상, 주어진 환경 등 삶의 모든 영역에 대해 당신이 갖고 있는 신념을 적어보세요.

예) 나는 모든 일에 최선을 다해야만 한다. / 죄를 지은 사람은 반드시 처벌을 받아야 한다. / 사람들이 나에게 친절하게 대해야 한다. / 내가 지금 힘든 것은 흑수저로 태어났기 때문이다.

2. 1번에 적은 신념 중 당신에게 불안, 우울, 자기비하, 죄책감, 적대감, 언짢은 기분 등 불편한 감정을 경험하게 하는 신념이 있다면 무엇인가요?

예) 나는 모든 일에 최선을 다해야만 한다.

3. 당신을 괴롭게 하는 신념을 계속 유지하고 있는 이유는 무엇인가요?

예) 사람들에게 인정과 칭찬을 받기 때문이다.

4. 그것은 진실인가요? 그것이 진실이라는 증거가 있다면 무엇인가요?

예) 진실이 아니다. / 사람들은 내가 그렇게 최선을 다하는 것을 당연하게 생각한다. / 별로 반응이 없다. / 최선을 다해야만 한다는 신념이 때론 주변사람들을 힘들게 하고 나도 힘들다.

5. 당신이 '마땅히 해야 한다' 또는 '하지 말아야 한다'고 생각하는 그 일을 하지 못했을 때 어떤 경험을 하나요?

예) 불안하고 초조해진다. / 내가 마땅히 해야 할 일을 하지 않는 불성실한 사람으로 여겨질까 봐 두렵다.

6. 당신이 원하는 삶은 어떤 삶인가요? 현재 당신의 신념은 그에 부합하나요?

예) 내가 원할 때 원하는 일에 대해서만 최선을 다해도 되는 삶. / 그렇지 않다. 모든 일에 최선을 다해야 한다는 생각이 나를 불편하게 한다.

7. 당신이 진정 원하는 삶에 맞게 신념을 바꿔본다면 무엇인가요?

예) 모든 일에 최선을 다하지 않아도 괜찮다. 내가 선택한 일에 대해 최선을 다한다.

8. 그 신념을 가진 당신을 상상하면 어떤 마음이 올라오나요?

예) 생각만 해도 짐을 하나 벗은 것처럼 시원하다.

9. 새로운 신념을 가진 당신의 모습을 이미지로 그려보세요.(동식물 또는 사물을 이용하여 비유적으로 표현해도 좋습니다.)

예) 짐을 가득 실은 당나귀에서 지금은 날렵한 경주마가 된 것 같다.

10. 코칭을 마치며 어떤 마음이 올라왔나요? 어떤 통찰이 있나요?

예) 인식하지 못하는 가운데 당연히 그래야만 한다고 생각하며 살아왔다는 것을 알게 되었다. 비합리적인 신념을 가지고 살면서 나는 물론 주변사람들까지 힘들게 했다는 것을 알 수 있었다.

당신이 원하는 삶은 어떤 모습인가요? 더 이상 다른 사람들의 인정이나 칭찬에 따라 살아가기 보다는 원하는 것이 무엇인지 스스로에게 물어보세요. 당신이 믿는 대로 경험하는 것, 그것이 삶의 법칙입니다.

당신은 당신 마음의 주인인가요? 아직도 무언가를 결정할 때 권위 있는 사람들의 승인이 필요한가요? 당신은 당신 삶을 책임지고 나아갈 주인입니다. 스스로 선택하고 책임질 수 있을 때, 의도적으로 선택한 책임의 크기가 점점 커질수록 우리는 진정한 어른으로 성장합니다.

그밖에 당신이 원하는 삶을 위한 신념을 써보세요. 좋지 않은 신념은 에너지를 빼앗고 지치게 합니다. 반면 좋은 신념은 바라보는 것만으로도 편안하고 힘이 납니다.

잃어버린 꿈 찾기
강점과 핵심가치

내가 지금 오르고 있는
산꼭대기에는 무엇이 있나요?
무엇을 기대하며 오르나요?
내가 정말로 원하는 것은
도대체 무엇인가요?

내가 원하는 것은 무엇인가

　　모두가 성공을 위해 어디로 향하는지도 모른 채 오르고 또 오릅니다. 저 역시 그런 삶을 의심 한 번 하지 않고 살았던 시절이 있습니다. 대부분 큰 사건 사고가 없는 이상 고등학교를 졸업하고 취업을 하거나 대학에 진학합니다. 자연스럽고 편안한 듯 보이지만 우리는 태어나면서부터 세상이 제시한 목표와 기준을 위해 끝없는 경쟁을 시작합니다.

　우리 모두는 별로 다르지 않은 인생에 비슷한 짐을 가지고 살아갑니다. 개인에게는 절박하고 절실할지라도 인생이라는 긴 여정을 한 장의 종이 위에 펼쳐 그리면 모두 시기만 다를 뿐 비슷한 고민을 하며 삽니다. 그래서 우리는 남에게 조언도 하고, 다른 사람의 이야기도 듣고, 몇 세기 전에 발간된 책에서도 도움을 받을 수 있습니다.

한 사람의 인생이 담긴 몇 권의 책을 읽고, 주변의 삶을 자세히 들여다보기만 해도 인생이 어떻게 흘러가는지 빤히 보입니다. 그럼에도 우리의 시선은 내가 살고 있는 지금, 그 시점에 고정되어 미래를 생각하지 못합니다. 죽음을 앞둔 사람들에게 인생에서 가장 후회되는 것이 무엇이냐고 묻자 '수많은 걱정거리를 안고 살아온 것'이라고 답했답니다. 걱정을 하며 계속 자신을 다그치고 목표를 향해 오르고 또 오르며 살아온 사람들은 결국 '행복은 내 선택'임을 이제야 알았다며 죽음 앞에서 후회합니다.

자신이 원하는 것, 좋아하는 것, 하고 싶은 것을 도무지 모르겠다는 사람들에게는 목록을 작성할 것을 권합니다. 1번부터 50번까지는 서로 비슷합니다. 그러나 뒤로 갈수록 자신만의 추억이 담긴, 삶이 드러나는, 개성이 드러나는 목록들로 채워지는 것을 볼 수 있습니다.

만약 몇 년 만에 휴가가 생긴다면 무엇을 하고 싶은가요? 돈과 시간, 건강이 모두 허락된다면 무얼 하고 싶은가요? 잠시 멈춰서 심호흡을 두세 번 한 후 생각해보세요. 어쩌면 유럽 여행이나 에메랄드빛 바닷가 휴양지를 떠올렸을지도 모르겠습니다. 누군가는 아무도 없는 조용한 바닷가에서 자고 먹고 뒹굴고 싶을지도 모릅니다. 아니면 집에서 조용히 쉬고 싶을 수도 있습니다.

자신에 대해 깊이 생각하지 않으면 누군가가 알려준 것을 자신이 좋아하는 것이라 착각할 가능성이 높습니다. '생각하며 살지 않으면 사는 대로 생각하게 된다'라는 말이 있습니다. 습관이 아닌 선택의 삶을 살 때 원하는 삶이 됩니다. 모든 선택의 권한은 당신에게 있습니다.

나는 산책길에서 얻은 통찰로 내가 무엇을 원하는지 명확히 알게 되었습니다. 나는 조용하고 소소한 삶을 좋아합니다. 여유 있게 일어나서 느리게 걷고, 그날그날 먹고 싶은 음식을 직접 만들어 먹고, 햇볕 좋은 날 집 앞 개천가를 산책하고, 책 한 권 읽다 글을 쓰고, 마음성장학교에서 좋은 사람들과 만나는 지금 여기의 삶을 무엇보다 소중하게 여깁니다. 하지만 내가 원하는 것은 언제든 바뀔 수 있고, 나의 신념은 언제든 변화하고 새롭게 창조될 수 있습니다. 나는 지금 나의 욕구에 충실한 삶을 살며, 존재만으로도 행복합니다.

당신이 정말 원하는 것은 무엇인가요? 지금 오르고 있는 산꼭대기에는 무엇이 있나요? 무엇을 기대하며 오르나요? 지금 당신의 삶이 너무 버겁고 힘든데 보람조차 없다면 이 질문을 반복하세요. 세상이 정해준 답이 아닌 당신 내면에서 훅 하고 올라오는 그 마음을 잡아서 기록하세요. 마음과 생각은 시시각각 모습을 바꾸기 때문입니다. 진정 내면 깊은 곳에서 올라오는 답이라면 아마 당신이 가장 잘 알 거예요. 진실은 몸에 반응을 일으키니까요.

무엇이 되고 싶은가

"나는 무엇이 되고 싶은가?"라고 마지막으로 자문한 것이 언제였는가. 책을 읽다가 만난 질문입니다. 나는 아직도 무엇이 되고 싶은지 끊임없이 스스로에게 묻습니다. 나에게는 이 질문이 삶의 방식과 죽기 전까지 지켜야 할 삶의 가치를 묻는 일입니다.

오래전 이 질문을 했을 때, 나는 무언가 세상의 가치로 측정될 수 있는 사람이 되고 싶었습니다. 예를 들면 작가, 교수, 상담사, 코치처럼요. 그러다 마음공부를 시작할 즈음 어떤 '태도'에 마음이 갔습니다. '우아한, 온유한, 겸손한, 카리스마 있는' 사람이 되고 싶었습니다. 이런 대답이 올라올 때마다 나는 무언가를 배워야 했고, 어떤 사람인 척 행동해야 했습니다. 나는 늘 새로운 배움을 선택했고, 초보자가 되어 긴장해야 했습니다. 저 멀리 있는 목표에 비하면 나는 부족하기 이를 데 없었습니다.

오랫동안 묻고 또 물었습니다. 나는 무엇이 되고 싶은가. 지금 여기, 나의 대답은 "나는 내가 되고 싶다. 아니, 나는 이미 나다"입니다. 현재 내가 '나'인 것이 매우 기쁘고 행복합니다. 나는 마음의 소리를 신뢰하고 그 소리에 따라 방향과 한계를 정하지 않고 계속 걷습니다. 오직 스스로 선택해 걷는 그 걸음만이 나를 나답게 하고, 내가 나로 살아갈 수 있도록 안내한다는 것을 압니다.

어떻게 나비가
될 수 있을까

지금까지 과거를 되돌아보며 놓치고 지나왔던 순간들과 만나고, 돌보지 못했던 내면아이와 만나 위로와 화해의 시간을 가졌습니다. 그리고 나다움을 회복하기 위해 꼭 필요한 '감정과 욕구'를 느끼고 수용하는 방법도 배웠습니다. 또 자유롭고 행복한 삶을 살기 위해 반드시 넘어야 할 '용서'도 경험했습니다. 마지막으로 우리의 삶에 깊숙이 관여하고 있는 신념을 탐구하고 창조하며 '나는 내 삶의 주인이다'라고 선언했습니다.

자, 이제 나비가 될 시간입니다. 우리는 어떻게 나비가 될 수 있을까요?

세상 사람들의 모습만큼 나비들의 모습도 다양합니다. 어쩌면 저리도 아름다운 무늬를 가질 수 있을까 싶습니다. 나비의 삶을 가만히 들여다보면 많은 통찰을 얻을 수 있습니다. 작은 알에서 홀로 깨어나 애벌레가 되어 꿈틀거립니다. 허기진 배를 채우기 위해 먹이를 찾아 헤맵니다. 애벌레는 늘 배가 고픕니다. 먹고 또 먹고, 계속 먹기만 하던 애벌레가 어느 날 한 번도 경험해보지 못한 세계로 들어갈 결정을 합니다. 나무 위로 기어올라 몸에서 실을 뽑아 몸을 둘둘 감습니다. 점점 어둡고 캄캄해집니다. 아무것도 보이지 않습니다. 번데기의 삶 다음에는 어떤 삶이 있을지 알지 못합니다. 막연한 기대와 소망인지도 모릅니다. 얼마나 막막하고 두려운 시간일까요. 이렇게 두려운 순간 애벌레는 어떤 믿음으로 그 시간을 견딜까요. 아무런 변화도 없어 보이는 인내의 시간이 번데기 단계를 넘어 나비가 될 수 있도록 안내하는 비밀인지도 모릅니다.

애벌레가 나비가 되는 데는 외부의 어떤 도움도 필요 없습니다. 번데기 안에 몸을 숨기고 들어갔던 애벌레에게는 이미 나비가 될 수 있는 모든 준비가 되어 있습니다.

하지만 그렇다 해도 애벌레의 삶을 기꺼이 포기하지 않으면 나비가 될 수 없습니다. 기어 다니는 삶을 포기하지 않으면 날 수 없습니다. 나비가 된다는 것은 지금 속해 있는 세계 너머로 성장하는 것을 의미합니다. 아직 가보지 않은 삶의 영역이지만 지금 가진 것을 기꺼이 포기할 때, 시선은 땅에서 하늘로 옮겨집니다. 세상을 보는 눈이 달라집니다. 더 큰 사랑을 나눌 수 있는 존재가 됩니다.

당신도 한 마리 나비가 될 수 있다는 걸 믿나요? 우리가 누군가와 다른 모습, 다른 향기를 지니는 이유는 무엇 때문일까요? 지나온 삶의 여정을 통해 만나고, 경험하고, 견디고 마침내 이겨내 만들어진 무늬(상처) 때문이겠지요.

많은 사람을 만나 여정을 함께하면서 느낍니다. 우리의 몸에, 그리고 삶에 남겨진 상처는 나와 너를 구별하는 무늬라는 것을, 내가 나일 수 있는 것은 그 무늬 덕분이라는 것을. 상처가 무늬가 되어 나를 나답게 만든다는 것을. 그 무늬를 세상에 자신 있게 드러낼 수 있을 때 비로소 한 마리 나비가 된다는 것을, 나로서 살 수 있다는 것을요.

당신은 어떤 무늬를 가진 나비인가요? 당신의 지나온 시간과 견디고 이겨낸 경험은 어떤 깨달음을 주었나요? 그 깨달음으로 지금 당신은 어떤 무늬를 가졌나요? 당신이 살아온 그 모든 순간이 바로 당신입니다. 그리고 지금 여기, 좀 더 좋은 사람으로 살고자 노력하는 그 마음이 바로 당신입니다. (이 글은 〈꽃들에게 희망을〉(트리나 폴러스 지음)을 읽고 영감을 받아 썼습니다.)

◈ 강점과 핵심가치 찾기 코칭 프로세스 ◈

우리의 내면에는 고치를 만들 수 있는 재료도, 나비가 될 수 있는 자질도 모두 들어 있습니다. 자신이 어떤 재능을 가지고 있는지 알 수 있는 가장 좋은 방법은 그동안 마음성장학교 코칭에서 안내한 방법들을 활용해 자신의 감정과 욕구를 살피며 내면의 소리에 집중하는 것입니다. 검사지를 사용하는 것보다 자신의 감정 혹은 무의식적인 반응을 깊이 들여다보는 것이 더 확실한 방법입니다. 당신의 강점과 핵심가치는 무엇인가요?

1단계 나의 강점은 무엇인가?

각각의 질문을 열린 마음과 시각으로 생각해봅니다. 누군가와 비교하지 말고 솔직하게 생각하는 것들을 씁니다. 지금 하고 있는 일과 동떨어진 일이라도 좋습니다. 무방비 상태로 그저 마음속에서 올라오는 모든 것을 수용할 때 몰랐던 자신을 발견하게 됩니다. 강점의 많은 부분은 아주 어렸을 때 형성됩니다. 지금 하는 일에 매력을 느끼지 못한다거나 회의가 든다면 가장 행복했던 어린 시절을 떠올리며 작성하는 것이 좋습니다.

나는   을 잘한다.

나는   을 할 때 몰입을 경험한 적이 있다.

나는   을 할 때 깊은 만족감을 느낀다.

나는   을 배울 때 신나고 더 배우고 싶다.

나는   에 관련된 일을 해 세상에 기여하고 싶다.

2단계 강점 찾기 체크리스트

강점은 특정 활동에서 성과를 지속적으로 내는 능력을 말합니다. 우리는 강점을 사용할 때 몰입하며, 오랫동안 지치지 않는 활력을 유지합니다. 또한 자신의 강점을 성장시키기 위해 자발적으로 연구하고 공부하고자 합니다. 자신의 강점을 잘 활용하면 좋은 성과를 내는 것은 물론 과정 또한 즐기게 됩니다. 아울러 성장을 거듭하며 세상의 발전에도 기여하는 자아실현을 이룹니다.

제시된 단어들을 느껴보세요. 내 것이라 생각되는 강점에 표시해봅니다. 제시된 것 이외 생각나는 단어가 있다면 빈 공간에 써도 좋습니다. 삶의 주인이 되어 취업과 생존이라는 틀을 넘어 보다 높은 의식에서 선택합니다.

가능성을 보는	성장을 돕는	공감하는	긍정적인	원칙을 지키는
민감한	배움을 즐기는	독창적인	분석적인	사교적인
성취감이 높은	정보를 수집하는	승부욕 있는	추진력 있는	심사숙고하는
연결됨을 믿는	신념이 강한	유연한	전략적인	관계를 중요시하는
정리 정돈을 잘하는	존재감 있는	주도적인	자기 성찰적인	목표 지향적인
책임감이 강한	계획적인	감정에 집중하는	이야기를 즐기는	수용하는
행동으로 옮기는	중재하는	활기찬	성실한	이타적인

3단계 강점 찾기 코칭

목적

자신의 강점을 재인식하고 효과적으로 활용할 수 있는 방법을 안다.

기대 효과

자신감 회복, 강점 활용과 관리를 통한 성장.

방법

일대일로 짝이 되어 한 사람은 코치가 되고, 한 사람은 코치이가 된다.

1. 위 표에서 찾은 강점을 모두 써봅니다. 그리고 하나하나 소리 내어 읽어봅니다. 선택한 강점 중 주로 사용하는 강점은 무엇이고, 언제 사용하나요? 그 결과는 어떤 가요?

2. 당신에게 활력을 주고 에너지를 상승시키는 강점은 무엇인가요?

3. 더 개발하고 싶은 강점은 무엇이며, 그 이유는 무엇인가요?

4. 힘 조절이 필요하다고 생각하는 강점은 무엇이며, 그 이유는 무엇인가요?

5. 강점을 더 많이 사용한다면 지금과 다른 일이 일어날까요? 구체적으로 상상해보세요.

6. 강점 찾기 코칭을 하면서 어떤 느낌과 통찰이 있었나요?

핵심가치는 우리를 기꺼이 노력하게 하며 삶의 등대 역할을 해줍니다. 가치관에 기초한 삶은 충족감을 가져다줍니다. 충족감은 행복이나 만족감을 넘어서는 내적 감정입니다. 이는 온전히 자기 자신이 되었다는 느낌입니다. 아래 체크리스트를 하나씩 읽어보며 마음에 반응이 오는 단어에 표시를 합니다. 처음에는 제한 없이 표시한 뒤 다시 읽어보고 10개로 압축합니다. 핵심가치를 선택할 때는 세상의 기준에 따르기보다는 스스로 진정 중요하다고 생각하는 가치를 마음으로 선택합니다.

가치 목록	세부 항목
아름다움	☐매력적인 ☐세련된 ☐고상한 ☐사랑스러운 ☐우아한 ☐빛나는
영적인 삶	☐깨어 있는 ☐의식 있는 ☐신과 연결된 ☐영성 ☐수용적인
성장을 돕는	☐영향력 ☐코칭 ☐바로잡기 ☐변화 ☐감동을 주는 ☐격려하는 ☐전진하는
기여	☐이익을 주는 ☐도와주는 ☐봉사하는 ☐제공하는 ☐향상시키는
창조	☐독창성 ☐상상력 ☐기획 ☐조립 ☐계획 ☐구상 ☐조립
즐거움	☐재미 ☐감정적 ☐유머 ☐열정적 ☐도전 ☐스포츠 ☐자극
느끼기	☐감정 표현 ☐감각적인 ☐에너지 분출 ☐함께하는 ☐감각과 접촉
발견하기	☐배움 ☐탐색 ☐깨달음 ☐구별 ☐관찰 ☐인식 ☐드러내기 ☐찾기

모험하기	☐미지 ☐용기 ☐위험 ☐스릴 ☐탐구 ☐실험 ☐노력 ☐위험 감수
리드하기	☐일으키기 ☐설득 ☐격려 ☐지배 ☐안내 ☐영향력 ☐모델 되기
연결됨	☐가족 ☐연합 ☐협력 ☐통합 ☐함께함 ☐소속됨 ☐나눔 ☐공동체
민감성	☐터치 ☐지각 ☐공감 ☐현재에 집중하기 ☐부드러움 ☐지원하기
가르치기	☐교육 ☐지도 ☐계몽 ☐제공 ☐촉진 ☐설명 ☐지식 ☐준비
목표지향적인	☐도달 ☐달성 ☐승리 ☐지배 ☐점수 ☐이김 ☐성취 ☐능력
전문적인	☐전문가 ☐능숙함 ☐탁월함 ☐위대함 ☐능가함 ☐기준을 정함
기타	☐성실 ☐유연함 ☐치유 ☐자기 성찰

5단계 핵심가치 찾기 코칭

1. 당신의 핵심가치는 무엇인가요? 위의 표에서 10개를 간추린 뒤 그중 다시 3개를 뽑아 문장으로 만들어봅니다.

예) 나의 핵심가치는 세련된, 감각적인, 탁월함이다.

2. 당신의 핵심가치를 삶 속에 잘 활용하고 있나요?

3. 당신이 핵심가치를 잘 활용한다면 어떤 모습일까요? 그 상태로 발전하기 위해 어떤 핵심가치들을 활용하면 좋을까요?

4. 핵심가치를 잘 활용해 원하는 목표를 이루면 어떤 기분이 들까요? 구체적으로 묘사해보세요.

5. 핵심가치 실현을 위한 3가지 약속을 정해보세요.

6. 핵심가치 찾기 코칭을 하면서 어떤 마음이 올라왔나요?

6단계 30년 뒤의 내가 되어 편지 써보기

30년 뒤 당신은 몇 살인가요? 30년 뒤의 당신이 지금의 당신을 바라본다면 어떤 칭찬을 할까요? 그리고 30년 뒤에는 어떤 모습으로 살고 있을까요? 강점을 활용하고 핵심가치를 구현한 삶을 살고 있을 30년 뒤의 당신이 지금의 당신에게 편지를 보냅니다. 가족, 건강, 직업, 인간관계, 경제적 상황 등 삶의 여러 영역을 고르게 생각하면서 상상하여 글을 써봅니다.

삶의 의미와 가치를 생각할 때 우리는 죽음을 떠올립니다. 죽음을 생각할 때 우리는 보다 가치 있는 선택과 결정을 할 수 있습니다. 저는 가끔 자신에게 이렇게 묻습니다. '1년만 살 수 있다면, 그래도 이 일을 할 거야?' 이 물음은 삶을 바꾸는 아주 강력한 질문이 되었고, 지금 여기의 삶을 누리며 행복한 나로 살게 하는 핵심 질문이 되었습니다. 온전한 나로 살아가는 하루가 모여 한 달이 되고, 1년이 되고 30년 뒤의 내가 되겠지요.
30년 뒤의 내가 되어 그림 그리듯 생생하게 쓰다 보면 당신이 진정 바라고 원하는 삶의 모습이 구체적으로 그려질 겁니다.

온전한 나를 그리다
꿈의 시각화

모든 변화는 결국 좋은 것과
함께 온다는 걸 잊지 마세요.

꿈의 시각화

꿈을 이루는 가장 쉬운 방법은 시각화하는 것입니다. 자신의 꿈을 선포하고 이미지를 생생하게 그려 꿈을 이룬 사람들이 무수히 많습니다. 간절히 원하는 것을 눈에 보이는 이미지로 간직하고 있는 사람들은 꿈을 이룰 수 있는 기회와 도움이 다가왔을 때 단번에 알아봅니다. 고민하고 망설이느라 기회를 놓치지 않습니다. 이렇게 하나의 꿈에 몰입하면 삶의 순간마다 자신에게 필요한 정보, 기회, 사람 등을 보다 쉽게 만납니다. 삶이 단순해지며, 원하는 것을 쉽게 이룹니다.

뇌과학자들에 따르면 매일매일 생생하게 꿈꾸는 사람들의 전두엽에서는 미래 기억을 담당하는 부위가 강력하게 활성화되어 꿈의 전기신호가 무의식을 활성화시키고 자신도 모르는 사이에 현실화

할 수 있는 능력을 갖게 된다고 합니다. 반면 아무 생각 없이 사는 사람의 뇌는 기존 방식에서 벗어나지 않고 오히려 유지하려 합니다. 뇌의 주인이 원하지 않기 때문입니다.

　꿈을 시각화해 원하는 삶을 이룬 몇 사람의 예를 들어보겠습니다. 마이크로소프트의 빌 게이츠는 청소년 시기에 세계 모든 가정에 컴퓨터가 한 대씩 있는 것을 상상했고, 또 반드시 그렇게 만들고야 말겠다고 외쳤답니다. 그리고 그의 말은 현실이 되었습니다. 소프트뱅크의 손정의 회장은 열아홉 살 때 인생 50년 계획을 세웠고 현재 그 계획을 다 이루고도 계속 성장하고 있습니다. 그는 아르바이트생의 월급도 줄 수 없었던 현실에서 "나는 이 회사를 5년 내에 100억 엔, 10년 안에 500억 엔, 그 이후로는 수척억 엔대의 자산 가치를 지닌 기업으로 성장시킬 것이다"라고 선언했고, 이후 모든 것을 초과 달성합니다. 그리고 덧붙여 이렇게 말합니다. "노력만 하면 절대로 부자가 될 수 없다. 부자가 되고 싶으면 끊임없이 부를 상상하라." 누구나 노력하면 자신의 삶을 꾸릴 수 있습니다. 하지만 세상을 이롭게 하는 좋은 상상을 하면 그 상상에 동조하는 사람과 물질, 재능을 끌어당기고 함께해 원하는 결과를 좀 더 크게 이룰 수 있습니다.

〈보물지도〉(은영미 옮김, 나라원, 2017)의 저자 모치즈키 도시타카는 30년 동안 10억 원을 투자해 세계적인 부자들과 성공한 사람들을 연구한 끝에 일반인들도 쉽게 꿈을 이룰 수 있는 최상의 도구로 '보물지도'를 만들었습니다. 이 책은 앞서 이야기한 천재적인 사람들이 성공을 위해 무의식중에 해오던 일을 보통 사람들도 실천할 수 있도록 소개합니다. 저자 역시 이 방법으로 보물 지도를 만든 뒤 세계적인 작가라는 꿈을 이루고 아마존 베스트셀러 1위에 올랐고, 그의 세미나에는 언제나 사람들이 넘치게 되었습니다.

생생하게 꿈꾸고, 글로 적고, 이미지화 하면 꿈은 현실이 됩니다. 우리가 꿈꾸는 모든 것을 이룰 수 있습니다. 얼마나 생생하게 전망을 그릴 수 있느냐가 당신의 꿈꾸는 능력이고, 이미지화 하는 능력이 곧 성공 능력입니다. 마음속의 꿈을 충분히 이미지로 표현했다면 마음을 열고 당신에게 다가오는 기회를 잡으세요. 그리고 그 꿈이 이루어지기를 기대하며 지금 여기 이 순간을 감사하며 사는 겁니다. 모든 변화는 좋은 것과 함께 온다는 걸 잊지 마세요.

온전히 기능하는 나

프로그램을 진행하다 보면 변화를 추구하고 성장하고자 하는 사람들을 많이 만납니다. 변화와 성장은 인간의 필연적인 속성입니다. 우리는 모태부터 시작해 태어난 이후 계속 변화하며 성장해 어른이 됩니다. 하지만 유아기와 청소년기에 급속히 성장한 이후 어느 순간 성장을 멈춘 사람들도 많습니다.

과거에는 어른이 되고 취직을 하면 한 직업에 평생 종사하며 살아갈 수 있었기에 특별한 변화와 성장을 꿈꾸는 것이 오히려 삶을 불안하게 하는 요소였습니다. 그러나 4차산업혁명 시대를 살고 있는 우리에게 변화와 성장은 건강한 삶의 필수 요소가 되었습니다. 우리는 원래 변화하고 성장하는 존재입니다. 나무와 풀, 세상의 모든 생명체는 하루하루 변화하고 성장합니다. 성장이 곧 변화고, 변화가 곧 성장입니다.

변화라고 해서 이전의 자기를 부정하거나 버리고 새로운 사람이 되는 것은 아닙니다. 우리는 그럴 수 없습니다. 이전의 내가 부족하고 어리석다 하여 버린다 해도 새로워지지는 않습니다. 다만 부족함과 어리석음에서 배움을 얻고, 이를 수용하면서 성숙한 어른으로 성장하는 것이 온전한 변화입니다.

김장을 할 때는 굵은소금을 사용합니다. 굵은소금은 작은 정사각형 결정을 눈으로 확인할 수 있을 정도로 크고 까슬까슬합니다. 워낙 짜고 쓰고 거칠어 용도가 한정되어 있습니다. 하지만 이 굵은소금을 갈아 고운 소금으로 쓰면 어떨까요? 그 맛은 순해지고 여러 용도로 쓰일 수 있습니다. 소금의 맛을 가진 사람이 설탕이 될 수는 없습니다. 지금 여기, 이런 모습으로 태어나 살고 있는 데는 다 뜻이 있습니다. 달라지는 것이 아니라 성숙하는 것입니다. 본성을 잃지 않고 날마다 변화하고 성장하며 성숙된 삶을 살 때 우리는 온전히 기능하는 '나'로 살 수 있습니다.

많은 이들이 어둠만큼 빛을 두려워합니다. 어둠보다 빛을 더 두려워하는 사람도 있습니다. 어떤 일을 시작할 때 실패할 수밖에 없는 핑계와 변명을 늘어놓으면서 자신의 내재된 가능성은 보지 않습니다. 잠재력을 사용하는 것을 두려워합니다. 이런 자기기만을 멈추지 않는다면 원하는 것과 반대되는 언행을 하게 돼 결국 정직한 삶으로부터 멀어집니다. 물론 원하는 것도 이루기 어렵겠지요.

자아의 빛과 그림자를 수용하고 포용할 때, 본래의 자신으로 살아갈 수 있습니다. 더 이상 다른 사람들과 비교하지 않게 됩니다. 자신이 어떤 존재인지 알고, 자신을 완전하고 온전한 사람으로 느낄 때 내면의 빛이 밝아집니다. 그리고 이 빛은 자연스레 세상으로 퍼져나가게 됩니다.

오직 마음의
소리를 따라

마음의 소리에 귀 기울이세요. 우리가 지금껏 알

227

아보고 탐구해온 모든 것은 마음의 소리를 듣기 위함입니다. 오직 목표만을 향해 나아가는 삶은 당신 자신은 물론이고, 어느 누구에게도 도움이 되지 않습니다. 이번 마음성장 코칭에서 소개할 보물지도는 꿈을 시각화하여 표현하는 것으로, 세상의 판단 기준에 따르는 것이 아닙니다. 내면의 소리에 귀 기울여 그동안 막연하게 꿈꾸던 것들을 붙잡아 표현하는 것입니다.

해야만 하는 것, 해야 할 것이 아닌 하고 싶은 것, 보기만 해도 행복한 것들을 찾으세요. 함께한 사람들은 보물지도를 벽에 붙여두고 보면서 날마다 행복해했고, 미래에 대한 막연한 불안이 사라지고 평안이 찾아왔다고 합니다. 자신이 무엇을 원하는지, 무엇을 해야 할지, 삶이 어떻게 진행될지 명확한 그림을 가지고 있기 때문입니다.

마음에서 들려오는 소리에 기쁘게 반응하세요. 마음의 소리에 저항하는 사람들도 가끔 있습니다. 이들은 도움받는 것을 어려워합니다. 무엇이든 스스로 해야 한다고 믿지만, 자신에 대한 믿음이 부족합니다. 그래서 새로운 일을 시도하거나 변화의 순간이 오면 두려움과 의구심이 올라옵니다. 자신의 경험과 지혜에 머물러 있으니 새로운 일에 두려움이 앞섭니다. 해결책을 찾기보다는 핑곗거리를 찾습니다. 실패를 반복하는 사람들의 방식입니다.

모든 고통과 아픔은 좋은 것과 함께 옵니다. 그 고통과 아픔의 경험이 당신에게 온 이유를 알아차리고 그 안에서 배우세요. 어떤 일이든 그냥 일어나지 않습니다. 수치와 고통을 안고만 있으면 시간이 갈수록 썩어가는 상처가 될 뿐입니다. 하지만 상처로부터 배움을 얻는다면 삶의 전환점이 됩니다. 어쩌면 변화를 위해 고통이 오는 것일지도 모릅니다. 우리가 몸을 잘 돌보지 않을 때 병이 나는 것처럼, 삶을 잘 돌보지 않고 타인의 요구와 기대에 맞춰 꼭두각시처럼 살아갈 때 고통이 찾아옵니다. 다시 제대로 살아보라고, 신이 준 완벽한 기회가 바로 고통이라는 신호입니다.

마음의 문을 열고 귀 기울이세요. 그리고 내면의 소리에 반응해보세요. 변화하고 성장하는 데 필요한 모든 재료와 지혜는 이미 당신 안에 있음을 잊지 마세요. 그것은 사용하면 할수록 깊어지고 넓어집니다. 지금은 종지 같을지라도 변화를 받아들이고 모든 부분을 온전히 수용할 때 사랑과 자비가 풍성한 커다란 그릇으로 변화할 겁니다.

이 보물지도는 2014년 가을 독서치료 모임에서 만든 것입니다. 그날 그곳에서 준비한 재료를 활용해 직관적으로 단숨에 만들었습니다. 1시간 만에 뚝딱 만든 것이지만 늘 마음속에 가지고 있던 생각과 꿈이 표현되었습니다. 이 보물지도를 만든 이후 정말 모든 것이 다 이루어졌습니다.

먼저 쉽게 이룰 수 있는 것부터 오른쪽에 배치했습니다. 학생들과 함께 사용하던 회의용 책상이 아닌 나만의 책상을 갖고 싶은 마음을 표현하고, 빨간 지갑을 가지고 다니면 돈이 많이 들어온다는 속설을 믿고 싶은 마음에 빨간 지갑도 오려 붙이고, 엄마와 둘만의 여행에 대한 꿈도 시각적 이미지로 표현했습니다. 이 여행을 꼭 가고 싶었던 이유는 엄마와 친밀한 관계 안에서 진심으로 소통하고 공감하고 싶었기 때문입니다. 세계적인 심리치유 코칭 세미나에 참여하며 언어가 서로 통하지 않는 사람들과도 마음을 주고받는 경험을 했기에 가장 가까운 사람, 나의 근원인 엄마와 마음으로 깊이 연결되는 경험을 하고 싶었습니다. 모든 치유와 성장의 출발은 부모님과의 관계가 온전하게 회복되는 것이기에 경제적으로 심리적으로 어려운 시기였지만 보물지도에 넣었습니다. 책을 출간하고, 학원이 아닌 카페나 공공기관에서 성인 대상으로 치유 수업을 진행하고, 몸무게는 50킬로그램을 유지하고, 자전거를 배우고, 나의 늙음이 세상의 본이 되었으면 하는 바람도 써넣었습니다. 그리고 가운데에는 자신이 그리는 가장 멋진 모습을 붙이는데, 저는 자존감이 완전히 회복된 모습을 꿈꾸며 드레스를 입은 여배우 사진을 선택했습니다. 당시 남편과 관계의 어려움을 겪으며 아무런 꿈도 희망도 없던 시기였습니다. 이 중 한 가지도 현실적으로 이루어질 것 같지 않은 상황이었지만, 이 보물지도를 만들고 바라보는 것만으로도 기분이 좋았습니다.

저와 동행한 많은 분이 보물지도를 만들면서 자신의 흐릿했던 꿈들이 명확해지자 삶에 안개가 걷히고 뭔가 진행되고 있다고 느꼈습니다. 그리고 실제로 하나둘 이루어지기 시작했고, 지금도 계속 성장하며 이루어가고 있는 모습을 봅니다.

간혹 보물지도를 만들지 못하는 사람들을 만납니다. 그들은 자신을 믿는 힘이 약합니다. 그리고 미래에 비관적입니다. 이들에게는 먼 미래가 아닌 당장의 소망을 담아서 보물지도를 만들어볼 것을 권합니다. 만들자마자 마음의 변화와 새로운 힘을 느낄 수 있을 겁니다. 세상에 선포된 말과 글에는 힘이 있습니다. 그러니 정말 원하는 것을 선택하는 것이야말로 능력입니다.

1단계 꿈을 이루어줄 보물지도 만들기

목적
그동안 깊이 있는 자기 인식을 통해 알게된 꿈을 시각화하여 명확하게 표현한다.

기대 효과
스스로 원하는 것을 명확히 알고 선포함으로써 꿈이 이루어짐을 경험한다.

준비물
코르크판 혹은 사절지 색도화지, 다양한 사진(잡지 혹은 검색을 이용해 원하는 이미지를 출력한다), 풀, 가위, 색연필, 사인펜, 스티커 등.

방법
1. 상단 : '○○○의 보물지도'라고 쓴다. 자신을 한층 향상시키는 문구를 넣으면 보다 강력해진다.

2. 중앙 : 행복했던 모습이나 되고 싶은 모습을 중앙에 배치한다.

3. 하단 : "이 모든 것이 이루어져서 감사합니다"라고 적는다.

4. 여분의 공간 : 강력하게 원하는 것, 죽기 전에 이루고 싶은 것과 관련된 사진을 배치한 후 구체적인 날짜와 설명을 적는다.

5. 보물지도를 눈에 잘 띄는 곳에 붙인다. 냉장고, 거실, 침대, 벽, 화장실 등 아침에 눈뜨면 바로 볼 수 있는 곳이 좋다. 사진을 찍어 휴대전화에 저장해 활용하는 것도 좋다.

2단계 꿈을 이루어줄 미래일기 써보기

보물지도가 완성되었으면 앞으로 이루어질 일을 상상하며 '미래일기'를 써봅니다. 저는 청소년 시기부터 꾸준히 일기를 썼고, 그 형식은 늘 미래의 소망을 담은 경우가 많았습니다. 매일 아침 수첩을 펴고 그날의 일정을 파악한 후, 이루고 싶은 목표와 성과를 일기에 썼습니다. 지금은 이러한 활동을 하지 않아도 앞으로 다가올 일들이 확실하고 구체적으로 보입니다. 오감이 열리고 원하는 것을 명확히 알게 되면 누구나 경험할 수 있습니다. 이제 당신이 직접 경험할 차례입니다.

방법

일기처럼 현재형 혹은 과거형, 과거완료형으로 쓴다.

예) 오늘은 그동안 그리던 꿈이 드디어 모두 이루어졌다.

주의할 점

보물지도 만들기와 미래일기를 쓸 때는 진정으로 원하는 욕구와 감정을 표현해야 합니다. 정직한 자기 탐색 없이 만든 보물지도는 단지 목표를 달성하기 위해 고군분투하는 삶을 살게 합니다. 그럴수록 보물지도와 미래일기가 불편하게 다가옵니다. 정직한 나의 욕구와 감정, 신념을 담아 진정으로 원하는 것을 지도로 만들고 일기를 쓰면 바라보는 것만으로도 미소가 떠오르고 힘이 납니다. 그리고 원하는 방향으로 삶이 정돈되고, 자연스럽게 바라던 바가 이루어지는 경험을 할 수 있습니다.

　무너진 자존감을 살리겠다고 시작한 일이 여기까지 올 줄은 몰랐습니다. 짧지 않은 시간 동안 '나', 그리고 '사람'에 대해 많은 것을 새롭게 알게 되었습니다. 이전에는 볼 수도 느낄 수도 없었던 '마음'을 배우는 시간이었습니다.

　이 책은 수많은 스승의 가르침이 담긴 책과 강의를 재료 삼아, 자신을 치유하고 성장시키고자 하는 이들을 위해 쓴 특별 처방전이라 할 수 있습니다. 이 책의 도구들은 제 삶은 물론 그동안 마음성장학교에서 만난 수많은 사람들의 삶에도 긍정적인 변화와 성장을 가져왔습니다. 책이라는 한계에도 불구하고 마음성장학교의 나눔을 온전히 전하기 위해 최선을 다했습니다.

　살다 보면 갈림길에 서 있는 나를 만나게 될 것입니다. 하지만 어떤 길을 선택하든 그 길에서 새로운 경험을 할 것임을 압니다. 언덕길에서는 그 힘겨움으로 땀의 의미를 알게 될 것이고, 평지에서는 편안한 삶의 감사를 배우겠지요. 길이 조금 험하다면, 그 고난을 통해 더 빛나는 황금을 만들어낼 수 있음을 배울 것입니다.

우리가 가진 마음의 상처와 그림자를 잘 돌보고 온전히 수용할 수 있다면, 그것은 어느 누구도 흉내낼 수 없는 특별한 무늬가 됩니다. 삶에서 만나는 모든 고난은 그 크기에 합당한 선물을 가지고 온다는 것을 알기에 더 이상 어떤 고난도 문제되지 않습니다.

책임을 회피할수록 삶의 에너지는 작아지고 의도하지 않은 삶을 살게 됩니다. 선택과 책임을 포기한 채 다른 이의 결정을 기다리고 있다면 지금의 문제는 계속 해결되지 않을 것이며, 영원히 타인의 지시와 명령에 의존하며 희생자의 삶을 살 것입니다.

당신은 그 모습 그대로 완전합니다. 누구도 허락 없이 내 삶을 결정하게 하지 마세요. 아무도 모릅니다. 내일은 언제 어떻게 바뀔지 모르는 날씨와 같거든요. 지금 여기, 당신의 모습을 온전히 수용하고 받아들일 때 어디로 어떻게 나아갈지 방향과 속도를 결정할 수 있습니다.

아주 작은 것부터 선택하고, 행동하고, 경험하세요. 좋은 선택은 수많은 시행착오와 도전으로부터 옵니다. 내가 원하는 삶으로 가는 가장 쉬운 길은 나의 욕구와 감정에 공감하는 것에서부터 시작됩니다. 나와의 연결이 온전해지면 나를 찾는 여정은 마침내 끝이 납니다. 욕구와 감정이 살아 있는 사람만이 다른 사람을 사랑할 수 있습니다. 나를 사랑한다면 자연스럽게 더 높은 의식으로 성장합니다. 그리고 지금 모습 그대로 '나'를 온전히 살아내는 것이 자신을 위하고, 세상을 위하는 일임을 비로소 알게 됩니다. 당신은 충분히 사랑받을 만한 아주 특별한 사람입니다.

8주 코칭을 마치며 '나는 내 인생의 연금술사'라고 당당히 외치는 나를 만났습니다. 책의 힘, 내면의 그림자를 황금으로 만드는 방법, 내 삶의 주인이 되는 용기를 마음성장학교에서 만났습니다. 8주간 동행하면서 참여자들이 자기만의 색깔과 결을 찾을 수 있게 도와주는 김은미 코치님의 탁월함에 감탄했습니다. 이제 제 삶에서 일어나는 모든 일을 기회로서 기쁘게 맞이할 수 있을 것 같습니다. 앞으로 더 많은 분이 이 프로그램을 통해 성장하고 변화할 수 있기를 기대합니다.

– 김○○ 50대 교수 / 작가

마음성장학교 8주 코칭을 통해 나에 대해 깊이 알게 되었습니다. 나를 알게 되자 자신감이 생겼고, 지금 그대로의 나도 충분하다는 마음이 생겨 직장에서도 나의 가치를 드러낼 수 있는 용기가 생겼습니다. 자신을 탐색하는 과정은 정말 멋진 여행이었습니다. 8주 동안 얻게 된 용기와 자신감은 직장에서 나 자신을 당당하게 만들었고, 그 당당함은 내 가치를 인정받을 수 있는 기회를 만들었습니다. 성장을 위해 일을 줄이겠다는 마음을 표현하자, 회사의 지원으로 공부까지 할 수 있게 되었습니다. 이 모든 것이 나에 대한 성찰과 자신감 넘치는 마음성장학교 8주 과정의 선물이었습니다. 이 프로그램은 자신이 무엇을 하고자 하는지 혼란스러운 사람들에게 추천합니다. 김은미 코치님 정말 좋았습니다. 성장을 도와주는 안내자를 만나 너무 감사했습니다.

－최○○ 30대 상담사

'나의 중심은 나'라는 말이 제일 와닿습니다. '내 인생의 주인은 나'라는 말을 이기적이라 생각했는데 이제는 온전히 받아들일 수 있게 되었습니다. 나를 사랑해야 남도 사랑할 수 있다는 진리를 깨달았습니다. 그리고 이 깨달음을 모든 환경이나 행동에 적용하게 되었습니다. 나는 이제 원하지 않을 때 둥글게 거절하는 방법을 알게 되었고, 사람의 단점보다 장점을 볼 수 있는 능력이 생겼습니다. 그리고 함께하는 과정에서 모든 인연을 소중히 여기게 되었습니다.

이 프로그램은 30대 이상 여성들에게 더욱 필요하다고 생각합니다. 매 시간 기다려지고 짧게만 느껴졌던 수업이지만, 이젠 긴 여운을 가지고 혼자서 성장할 수 있게 되었습니다.

－조○○ 40대 보석디자이너

수업 전에 제 자존감은 바닥이었습니다. 정말 열심히 바쁘게 살았음에도 불구하고 자존감은 0이었습니다. 수업에 충실하며 김은미 코치님의 진솔한 수업에 매력을 느껴 집중하다 보니 제 안에 잠재된 커다란 에너지가 자라고 있음을 알아챘습니다. 자존감이 0에서 100으로 회복되었다고 조심스레 표현할 수 있을 것 같습니다. 안타깝기만 했던 제 삶이 온전히 충만하고 자신감 넘치는 행복한 삶으로 변했습니다. 8주간의 동행과 김은미 코치님의 수업은 불가능을 가능케 했습니다. 8주 동안 나만의 산티아고를 직접 체험했습니다. 저는 진정한 제 자신을 찾아가는 산티아고의 주인공이었습니다.

— 김○○ 40대 주부

부정하고 억누르던 자신을 인정하고 수용하는 첫걸음이었습니다. 아직 갈 길은 멀지만, 이 프로그램에 참가하기 전에는 엄두도 못 냈던 나 자신을 들여다보는 것만으로도 의미가 있다고 생각합니다. 이 프로그램은 자기 자신을 싫어하는 사람들에게 꼭 필요합니다.

— 박○○ 20대 대학생

나 자신에게 많은 이야기를 하게 된 것 같습니다. 현재의 나를 인정하게 되었고, 말이 많아졌습니다. 이전에는 별로 말이 없었는데

엄청난 수다쟁이가 되었습니다. 그리고 '내가 많은 것을 받으며 살아왔구나'라고 느끼게 되었습니다. 모든 것에 더 많이 감사하게 되었습니다. 이 프로그램은 지금 매우 힘든 당신, 매일 울고 있는 당신, 왜 우는지 모르는 당신에게 권하고 싶습니다.

－신○○ 20대 연극배우

살면서 깊이 생각해보지 않았던 내 마음속 깊은 소리와 내가 진짜 원하는 것, 또 상처 입은 내면의 어린아이와 그림자까지 들여다볼 수 있는 값진 경험이었습니다. 내 욕구를 알게 되었고, 내 마음의 주인이 나라는 사실을 마음으로 깨달았습니다. 이제는 내 선택의 자유의지를 믿고 결단하고 행동하기로 했습니다. 이 프로그램은 삶이 무기력하고 자존감이 낮아진 사람, 내가 원하는 게 뭔지 생각해보지 못했던 사람, 자신의 깊은 내면을 들여다보길 원하는 사람, 성장하고 싶으나 의지가 약해진 사람들에게 권합니다.

－김○○ 40대 직장인

마음성장학교에 참여하기 전에 저는 일과 직장에 대해 고민하고 있었는데, 제 자신이 일을 사랑한다는 것을 확실히 알았습니다. 앞으로 일에서 비전을 찾고 정상에 오르기 위해 더 노력하겠습니다.

이 프로그램을 30대 초반 미혼, 기혼 여성과 아이 계획이 있는 여성들에게 권하고 싶습니다.

－박ㅇㅇ 30대 직장맘

지금까지 무뎌져 있던 나의 감정들을 살리고, 나 자신에게 더 깊은 관심과 사랑을 보내는 것이 얼마나 중요한지 알게 되었습니다. 또 그 힘이 앞으로 나의 삶에 변화를 가져온다는 것을 알게 되는 시간이었습니다. 내 마음을 느끼고, 마음을 어떻게 좋은 방향으로 인도해야 할지 깨달았고, 나 자신과 화평하게 지내고 나 자신을 사랑할 때 타인과의 관계가 좋아지고 더 사랑할 수 있는 내가 될 수 있음을 알게 되었기에 하루하루 나를 더 사랑하고, 나에게 관심을 가지게 되었습니다. 그런 과정들을 통해 나는 앞으로의 삶을 더 행복하게 살아갈 것임을 확신합니다.

－김ㅇㅇ 20대 학원강사

'마음성장학교'답게 마음이 성장할 수 있는 시간이었습니다. 특히 신념 수업을 하면서 평소 독특한 신념의 소유자라고 제 자신을 생각하던 제게 위로가 되었습니다. 저는 저만의 신념을 더욱 사랑하게 될 것입니다. 나만의 신념 또한 나의 선택임을 알게 되었습니다. 평소 이상주의자라고 불렸던 제 자신을 인정하게 되었고, 다른 이에게 인정받지 않아도 된다는 자신감과 확신이 드는 시간이었습니다.

-박○○ 40대 회사원

새로운 도전을 해야만 지금껏 살아오던 틀을 깨고 경계를 넘어, 보다 넓고 한 단계 의식이 성장한 세계로 진입할 수 있다는 것이 가장 인상 깊었습니다. 늘 여기저기 기웃거리기만 했는데 이제 집중해서 한 단계 경계를 뛰어넘고 싶은 욕구가 올라왔습니다. 나를 돌아보는 행복한 시간이었습니다.

-김○○ 50대 CEO

50대를 맞이하기 전에 살아온 인생과 남은 시간을 정리하고 생각하는 기회가 되었습니다. 밀린 숙제 같은 감정들을 해소하고 마음의 변화를 경험했습니다.

-김○○ 40대 공무원

"에이, 이제 뭐 그만하고 좀 쉬지" 했었는데 아직 나 자신을 찾아

끊임없이 천착하고 새로운 도전을 할 수 있다는 자신감을 회복했습니다. 배운 것들을 차근차근 실천해 신념이 이루어지도록 하겠습니다. 모든 사람에게 좋은 프로그램이라고 생각합니다.

－박○○ 60대 은퇴자